Für meine Eltern,
die mir das Gartenbaustudium
an der Humboldt-Universität
in Berlin ermöglichten.

HORST SCHÖNE

GRÄSER

und Blattschmuckstauden

FASZINIERENDE PFLANZEN, EINDRUCKSVOLLE KOMBINATIONEN, HILFREICHE PFLEGETIPPS

INHALT

EINLEITUNG

Gräser und Blattschmuckstauden sind zwei faszinierende Pflanzengruppen, die – sinnvoll kombiniert – sich gegenseitig ergänzen und in ihrer Wirkung steigern. Seit dem Buch „Einzug der Gräser und Farne in die Gärten" (von Karl Foerster) sind über 60 Jahre vergangen. Leider ohne den großen Durchbruch, den sich der Autor bei der Verwendung der Gräser im Garten erhofft hat.

Unterschiedliche Blatt- und Blütenstrukturen machen diesen Gartenabschnitt besonders reizvoll.

„Harfe“ und „Pauke“: Gras und Blattschmuckstaude.

Foerster nannte die Gräser wegen ihrer grazilen Gestalt **„Harfe“**, die Blattschmuckstauden bezeichnete er aufgrund ihrer eindrucksvollen großen Blätter als **„Pauke“.**

Das Angebot an Gräsern ist in den Gartenmärkten sehr dürftig. Nur spezielle Staudengärtnereien bieten ein zum Teil beachtliches Sortiment an. Deshalb war uns ein Bezugsquellenverzeichnis wichtig, damit sich jeder orientieren kann, wo die hier beschriebenen Pflanzen zu beziehen sind. Wir stellen Ihnen ein reduziertes, aber gut erprobtes Gräser- und Blattschmuckstaudensortiment vor.

Beginnen wir mit den Gräsern. Bei richtiger Verwendung, das heißt bei richtigem Standort und passender Wahl der Nachbarpflanzen, können uns tolle Pflanzenerlebnisse geschenkt werden, wenn spezielle Pflegebedürfnisse beachtet werden. Gräser gelten generell als pflegearm, aber ohne Pflege geht es nicht. Wir haben deshalb diesem Kapitel besondere Aufmerksamkeit gewidmet.

Als Student lernte Horst Schöne den eingangs erwähnten Staudengärtner Karl Foerster persönlich kennen. Bis zu dessen Tod war Horst Schöne regelmäßig Gast im Hause Foerster und erfuhr dabei, welche herausragende Bedeutung Gräser für die Menschen und den Garten haben. Sie sind zum Beispiel existenziell für unsere Ernährung. Dazu gehören die vielen Getreidearten, Bambus und Reis, aber auch die Wiesengräser für die Milchwirtschaft. Bei uns geht es allerdings um die Zierfunktion der Gräser, also um ihre Schönheit.

Gräser spielen mit dem Licht
und tanzen mit dem Wind.

GRÄSER – HAAR DER MUTTER ERDE

Karl Foerster nannte die Gräser auch „das Haar der Mutter Erde." Einmal sind es die stillen Helden, die uns auf Waldspaziergängen begegnen. Ein anderes Mal sind es die spektakulären Begegnungen mit Gräsern: Man stelle sich nur einen Berghang mit Reiherfedergräsern vor, die sich im Wind wiegen.

Ganz groß im Kommen sind in der Gartengestaltung der vergangenen Jahre Kombinationen von Gräsern mit Wildstauden. Es sind naturnahe Pflanzungen, die den Wechsel der Jahreszeiten eindrucksvoll unterstreichen. Sie wirken bis weit in den Winter hinein. Gräser ordnen und gliedern Staudenpflanzungen. Sie bilden großartige Strukturen, spielen mit dem Licht, tanzen mit dem Wind und haben selbst in Schnee und Raureif große Auftritte. Deshalb ist der Spruch von Karl Foerster „Grässlich ein Garten ohne Gräser" immer noch aktuell.

MIT DEM MDR-GARTEN DURCH DAS GARTENJAHR

16 JAHRE LANG STAND HORST SCHÖNE REGELMÄẞIG VOR DER KAMERA

Begonnen hat die erfolgreiche Gartenfernsehserie des MDR im Jahr 2000. Zunächst 14-tägig, später mit wöchentlichen Sendeterminen. Jeweils Sonntag morgens um 8.30 Uhr lockt die Sendung mit praktischen Gartentipps, Einblicken in besondere Gärten und anderen spannenden Beiträgen zahlreiche Zuschauer vor den Fernseher.

Claudia Look-Hirnschal moderierte die Gartensendung bis Anfang 2016 und lud sich als Gesprächspartner Fachleute aus allen Bereichen des Gartenbaues zu interessanten Drehs ein. Die Verbreitung des Wissens um die Staudengräser war ihr ein Anliegen, da bekannt war, dass Gräser leider noch immer unter Vorurteilen hinsichtlich ihrer Verwendung zu leiden haben. Gegenüber den öffentlichen Anlagen und Parks hinkt ihr Einsatz in privaten Gärten hinterher.
Dabei gibt es unendlich viele Möglichkeiten, den Gartengräsern mit ihrer Vielseitigkeit vielversprechende Gartenplätze erfolgreich anzubieten. Als Gesprächspartner im MDR-Garten, am Grünen Telefon, als Gartenreiseleiter und Vortragender war es mir immer ein Bedürfnis, den Einzug der Gräser und natürlich auch der Blattschmuckstauden in die Gärten voranzubringen.

ERLEBNISREICHE DREHARBEITEN

An meinen ersten Dreh für den MDR-Garten im März 2000 im Erfurter Egapark, es war übrigens auch die Premierensendung, kann ich mich noch sehr gut erinnern. Mit Claudia Look-Hirnschal stand ich vor einer blühenden Kornelkirsche bei stürmischem Wetter und gelegentlichem Schneetreiben. Natürlich nahm Claudia in ihrer Moderation Bezug auf den blühenden Strauch. Ich – das erste Mal vor einer Kamera – versuchte dem Wetter zum Trotz mit poetischen Worten Blüte, Fruchtbildung und Wuchsform zu erklären. Plötzlich bekam Claudia einen Lachanfall, der mich total irritierte. Ich war wohl zu prosaisch gewesen. Schnell

MDR-Garten-Moderatorin Claudia Look-Hirnschal und Horst Schöne stellen beim MDR-Gartenfest im Egapark Pflanzen vor.

wurde mir klar, dass es keine gehobene Sprachbildung erfordert, um den vielen Gartenfreunden vor dem Fernseher Kulturmaßnahmen und Pflanzenbeschreibungen verständlich näher zu bringen.

Ein anderes Mal, wir drehten gerade im alten Gräsergarten an der Sternwarte im Erfurter Egapark, wurde mir meine schnelle Sprechweise zum Verhängnis. Es war nie die Aufregung vor einer Sendung oder der Satz der Aufnahmeleitung „Kamera läuft", die mich zu schnellem Reden veranlasste. Grund ist eher eine Eigenschaft, die mit meiner Person eng verbunden ist. Da ich einen Artnamen zu schnell ausgesprochen hatte, fragte mich Claudia ungläubig „...und die kommt aus China?", was bei der angesprochenen Pflanze natürlich überhaupt nicht der Fall war. >>

Claudia Look-Hirnschal zur Zusammenarbeit mit Horst Schöne beim MDR-Garten

„16 Jahre lang habe ich den MDR-Garten moderiert. Ein wichtiger Partner war für mich von Anfang an Horst Schöne, der mir als Fachmann zur Seite gestellt wurde. Gemeinsam haben wir im Laufe der Jahre viele Sendungen gemacht und mit seinem umfangreichen Fachwissen, unter anderem aus der langjährigen Tätigkeit als Parkleiter im Egapark Erfurt, hat er den MDR-Garten mitgeprägt.

Eine Begebenheit ist mir besonders im Gedächtnis geblieben: Gemeinsam standen wir für die erste MDR-Garten-Sendung im Jahr 2000 vor der Kamera. Es war eine Frühlingssendung und die Aufzeichnung begann bei warmen Sonnenstrahlen. Doch die Dreharbeiten dauerten länger als geplant und dann kam Schnee – damit hatte niemand im Team gerechnet. Vor einer blühenden Kornelkirsche versuchte Horst Schöne trotzdem tapfer, Blüten- und Fruchtbildung anschaulich zu erklären. Über seine poetischen Ausführungen konnte ich mich angesichts des Wetters nur amüsieren.

Am Ende der Sendung stellten wir beide fest: Es ist nicht einfach, botanische Prozesse vor der Kamera zu erklären. Mit Gartenthemen im Radio hatten wir beide durch das „Grüne Telefon", bei dem wir Hörerfragen beantworten, bereits Erfahrungen gesammelt. Doch im Fernsehen geht es um Bilder, man muss alles thematisieren, was vor der Kamera zu sehen ist. Und sei es das wechselhafte Wetter. Da war unsere erste Sendung ein richtiges Lehrstück."

Verschiedene Miscanthus-Arten bilden einen schönen Rahmen für die sofort ins Auge springende „Brennende Liebe“ und die dicken Blütenbälle des Allium.

Die Spannung bei den Drehs war allerdings immer spürbar. Die Maskenbildnerin wirkte auf mich beim Schminken beruhigend. Es war wie die Ruhe vor dem Sturm. Peinlich war für mich – es kam allerdings Gott sei Dank selten vor – wenn Szenen wiederholt werden mussten, weil ich durch einen Versprecher Anteil hatte.
Vor allem in den letzten Jahren, als mit der neuen Kameraführung (der „Steadycam“) dem Kameramann einige Kilo Tragelast abverlangt wurden, war eine Wiederholung oft anstrengend. Am meisten störte allerdings, wenn Lärm oder wechselndes Licht die Dreharbeiten behinderten.

Übrigens: Bei jedem Dreh ermahnte mich Claudia: „Lächle und sprich langsam!“ Und verabschiedete mich mit den Worten: „Schön, Herr Schöne, schön, dass Sie heute wieder bei uns waren“.

AUF GROßER TOUR DURCH EUROPAS GÄRTEN

Spannend waren die MDR-Gartenreisen ins europäische Ausland, wo besonders die englischen und französischen Gärten Reiseziel waren. Da ich seit 1995 als botanischer Gartenreiseleiter unterwegs bin und mich vor allem mit englischen Gärten beschäftige, konnte ich als Gesprächspartner viele schöne Garteneindrücke vermitteln.
In Hever Castle, einem wundervollen englischen Garten, der leider in der Einflugschneise vom Flughafen London-Heathrow liegt, mussten wir uns beim Drehen beeilen, da alle 4 bis 5 Minuten ein Flugzeug über uns hinweg brummte. In diesem Garten führe ich gern durch einen versteckt liegenden Senkgarten, wo „Harfe und Pauke“, also Gräser und Blattschmuckstauden, im mediterranen Flair wahrlich Feste feiern. Riesen-Federgras, Lampenputzergräser und Atlasschwingel in Kombination mit Bananenstauden, Zistrosen, Rosmarin und vielen anderen Pflanzen zaubern hier einmalig schöne Gartenbilder.

Den Garten-Oscar bekam Horst Schöne für seine Unterstützung als einer der „Geburtshelfer“ des MDR-Garten.

EIN ZWERG FÜR MEINE MITHILFE

Den MDR-Garten „Oscar“ bekam ich 2005 bei einem Dreh in der Vorweihnachtszeit im Bauernhaus des Kinderbauernhofes der ega überreicht. Es war ein Keramik-Gartenzwerg aus der Gräfenrodaer Manufaktur, der offenbar meine Gesichtszüge trägt und wohl als „Dankeschön“ für meine Mithilfe als einer der „Geburtshelfer“ der Gartensendung gedacht war.
Wenn meine Frau und ich uns mit unserem Garten in Weimar an der Veranstaltung „Open Gardens“ (Offene Gartenpforte) beteiligen, wird er immer gut sichtbar platziert, was nicht nur den Kindern unter den Besuchern Freude bereitet.

Maiapfel (vorn) mit Hosta und Japangras (hinten)

Exotisches Flair verbreitet die Kombination von Zierbanane (Mitte) mit Blattschmuckstauden und Pfeifengras.

BEISPIELPFLANZUNGEN

Einige Gräser legen wunderbare Auftritte als Solitärpflanze hin. Oft aber ist es gerade die Kombination mit Blattschmuckstauden und anderen Pflanzen, die ihre Wirkung unterstreicht und die Blicke auf sich zieht.

Wir haben Pflanzpläne für große und kleine Beeten zusammengestellt, für Sonne und Schatten. Vielleicht lassen Sie sich davon inspirieren. Oder Sie finden Ihre eigenen, ganz persönlichen Kombinationen – lassen Sie Ihrer Kreativität freien Lauf.

Um bereits im Frühjahr etwas Blühendes im Beet zu haben, empfehlen wir für sonnige Plätze die Ergänzung mit verschiedenen Wildtulpen, Präriekerzen oder Zierlauch. Im Schatten könnten winterharte Alpenveilchen, Hundszahn oder Anemonen ergänzt werden.

Zierkohl und niedriges Federgras brillieren im Spätsommer und Herbst.

„Gras ist Gras und so viel mehr. Die 'Linie' schlechthin, Grafik, Struktur und luftige Textur, die im Zusammenspiel mit großflächigen Blättern oder massig-schwerem Volumen zu voller Wirkung gelangt."

Prof. Wolfgang Borchardt

PFLANZENLISTE FÜR PFLANZBEET SONNE

(6 m²)

1. Miscanthus ‘Morning Light’
   1 Stück
2. Pennisetum ‘Hameln’
   1 Stück
3. Aster ‘Purple Dom’
   5 Stück
4. Aster ‘Veilchenkönigin’
   5 Stück
5. Stachys ‘Cotton Boll’
   6 Stück
6. Panicum ‘Shenandoah’
   3 Stück
7. Spodiopogon sibiricus
   1 Stück
8. Stipa tenuissima
   3 Stück
9. Persicaria amplexicaulis ‘Album’
   3 Stück
10. Salvia ‘Blauhügel’
    10 Stück

PFLANZENLISTE FÜR PFLANZBEET SONNE

(12 m²)

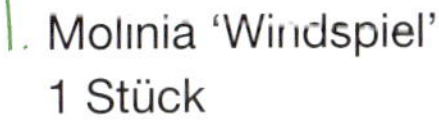

1. Molinia 'Windspiel'
   1 Stück
2. Aster 'Veilchenkönigin'
   3 Stück
3. Miscanthus 'Gracillimus'
   1 Stück
4. Anemone 'Honorine
   Jobert' 1 Stück
5. Aster 'Purple Dom'
   5 Stück
6. Echinacea 'White Swan'
   5 Stück
7. Pennisetum 'Hameln'
   1 Stück
8. Aster 'Lutetia'
   3 Stück
9. Ruta 'Jackmans Blue'
   3 Stück

10. Persicaria amplexicaulis
    'Album' 5 Stück
11. Ceratostigma
    plumbaginoides
    9 Stück
12. Geranium wlassowianum
    9 Stück
13. Sesleria autumnalis
    3 Stück
14. Salvia 'Blauhügel'
    3 Stück
15. Nepeta 'Walkers Low'
    6 Stück

PFLANZENLISTE FÜR PFLANZBEET SCHATTEN

(6 m²)

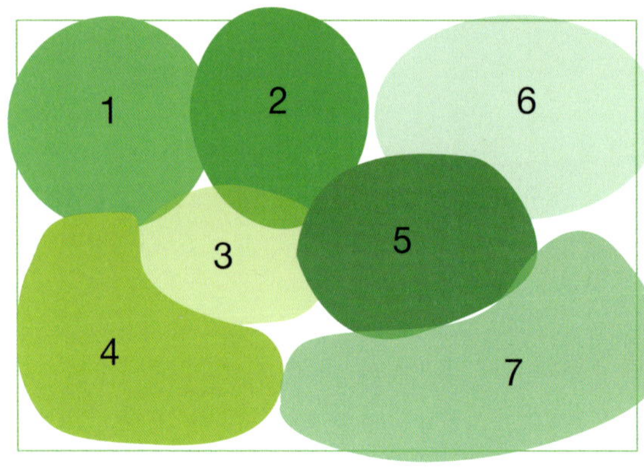

1. Astilboides tab.
   3 Stück
2. Cimicifuga 'Brunette'
   5 Stück
3. Hakonechloa macra 'Aureola'
   10 Stück
4. Epimedium 'Frohnleiten'
   9 Stück
5. Hosta 'Sum and Substance'
   3 Stück
6. Rodgesia 'Bronzeblatt'
   3 Stück
7. Carex 'Icedance'
   10 Stück

PFLANZENLISTE FÜR PFLANZBEET SCHATTEN
(12 m²)

1. Deschampsia 'Goldschleier'
   3 Stück
2. Rodgersia 'Pagode'
   1 Stück
3. Kirengeshoma palmata
   1 Stück
4. Hosta 'Sum and Substance' 3 Stück
5. Cimicifuga 'Atropurpurea'
   3 Stück
6. Hosta 'Orange Marmelade'
   3 Stück
7. Smilacina racemosa
   3 Stück
8. Polystichum 'Plumosum Densum' 3 Stück
9. Carex 'Icedance'
   9 Stück
10. Hakonechloa 'Albostriata'
    6 Stück
11. Hosta 'June'
    3 Stück
12. Epimedium 'Frohnleiten'
    6 Stück
13. Waldsteinia ternata
    9 Stück
14. Epimedium 'Frohnleiten'
    6 Stück

ZAUBERHAFTE VERWANDLUNG

Oben: Hausgarten mit Gräsern: Hier spielt der Atlasschwingel eine dominante Rolle.
Unten: Die Lieblingsecke von Matthias Kaiser: mediterranes Flair mit verschiedenen Stauden.

Oben: Winterschmuck von Miscanthus. Unten: Artenreicher Staudengarten mit Gräsern und Steppenwolfsmilch.

Von Matthias Kaiser aus Erfurt, Gourmetkoch, Buchautor sowie guter Freund von Horst Schöne

„Genau zu dem Zeitpunkt, an dem sich unsere Vorfahren noch vor gar nicht allzu langer Zeit in ein friedliches Rentnerdasein verabschiedeten, begann ich … ein Mehrgenerationenhaus zu bauen. Und das auch noch auf einem Bauplatz, der die vergangenen Jahrzehnte als illegale Müllkippe und Parkplatz einer Kleingartenanlage genutzt worden war.

Das ließ mich vermuten, dass ich – angesichts mehrerer ernst zu nehmender Baustellen an meinem Körper – den rings um das Haus geplanten Garten niemals in einem Zustand der Harmonie, geschweige denn in Vollendung, erleben würde.

Als ich dies meinem Freund Horst Schöne erzählte, verwarf dieser sämtliche meiner Planungen und bepflanzte das wenig fruchtbare Grundstück mit meiner damaligen Meinung nach verhältnismäßig kleinen Eulalia-Gräsern (***Miscanthus sin. Gracillimus***) und einer Fülle weiterer Gräser und Stauden.

Aber, o Wunder: Schon nach drei Jahren hatten sich die Pflanzen so prächtig entwickelt, dass dieser Teil meines Gartens zu meinen Lieblingsplätzen gehört. Und das nicht nur zur Sommerzeit.

Dafür lieber Horst, meinen aufrichtigen Dank!

Impressionen aus dem Gräsergarten des Egaparks in Erfurt.

UNSERE AUSFLUGSTIPPS

In vielen Parks und Gärten finden Sie wundervolle Beete mit Gräsern und Blattschmuckstauden. Wir haben für Sie eine kleine Auswahl getroffen – vielleicht kommen Sie bei einem Besuch auf den Geschmack und lassen sich von den Pflanzungen für Ihren heimischen Garten inspirieren.

EGAPARK

Gothaerstraße 38
99094 Erfurt
info@egapark-erfurt.de

SCHAU- UND SICHTUNGSGARTEN HERMANNSHOF E. V.

Babostraße 5
69469 Weinheim/Bergstraße
www.sichtungsgarten-hermannshof.de

SICHTUNGSGARTEN WEIHENSTEPHAN

Am Staudengarten 8
85354 Freisingen
www.hswt.de/weihenstephaner-gaerten/sichtung.html

GARTENANLAGEN GEDENKSTÄTTE KARL-FOERSTER

Am Raubfang 6
14469 Potsdam
Tel. 0228 9091213

Einen Besuch wert: der Karl-Foerster-Staudengarten im Britzer Garten, Berlin.

FREUNDSCHAFTSINSEL POTSDAM

Lange Brücke, 14467 Potsdam
www.freundschaftsinsel-potsdam.de

BRITZER GARTEN

Sangerhauser Weg 1
12349 Berlin
info@britzer-garten.de

PLANTEN UN BLOMEN

Marseiller Straße 7
20355 Hamburg
plantenunblomen.hamburg.de

WESTPARK MÜNCHEN

Friedensstraße 40
Referat Gartenbau
81377 München

BERGGARTEN HANNOVER

Herrenhäuser Straße 4
30419 Hannover
www.berggarten-hannover.de

GRUGAPARK ESSEN

Virchowstraße 167a
45147 Essen
www.grugapark.de

STAUDENGÄRTNER MIT LEIB UND SEELE

Wohl kaum ein anderer Gärtner hat sich so um Gräser und Blattschmuckstauden verdient gemacht wie Karl Foerster. Deshalb möchten wir Ihnen den passionierten Züchter und sein Wirken an dieser Stelle näher vorstellen.

Geboren wurde Karl Foerster 1874 in Berlin als drittes Kind der Malerin Ina Foerster und des Astronomen und Physikers Wilhelm Julius Foerster. Früh entwickelte er eine Begeisterung für Garten und Pflanzen und schlug mit einer Lehre in der Schlossgärtnerei in Schwerin sowie dem anschließenden Besuch der Gärtnerlehranstalt Potsdam-Wildpark beruflich die passende Richtung ein.

Bereits während der Lehre litt Foerster an Rückenschmerzen, die ihn zeitlebens begleiten sollten. Seinen enormen Tatendrang und seine Begeisterung für das Gärtnerische sollten sie allerdings nicht dämpfen – auch dann nicht, als ihn das Rückenleiden in späteren Jahren an den Rollstuhl fesselte.

Als Gärtnergehilfe vertiefte Karl Foerster sein Wissen in verschiedenen Gartenbetrieben im In- und Ausland, bevor er sich ab 1903 seine erste eigene Gärtnerei im Berliner Westend aufbaute.
Bereits 1907 gab er den ersten Katalog mit neuen Sorten heraus und ein reger Versand von Stauden begann. Gartenliebhaber lernten die Neuzüchtungen schnell schätzen, und der Name Foerster wurde nach und nach immer bekannter.

1911 erschien „Winterharte Blütenstauden und Sträucher der Neuzeit“, das erste von vielen Büchern, die Karl Foerster im Laufe seines Gärtnerlebens schreiben sollte. Von 1920 bis 1941 gab Foerster gemeinsam mit Oskar Kühl und dem Buchautoren und großartigen Pflanzenkenner Camillo Schneider die Zeitschrift „Gartenschönheit“ heraus.

Während des Zweiten Weltkrieges wurde auch die Foerstersche Gärtnerei in Mitleidenschaft gezogen. Züchtung und Staudenversand kamen zum Erliegen, stattdessen wurde Gemüseanbau betrieben. 1945 nahm die Sowjetische Militäradministration den Betrieb, der nun als „Züchtungs-Forschungs-Betrieb winterharte Blütenstauden“ fortgeführt wurde, unter ihren Schutz.

Ab 1949 besserten sich die Zeiten. Karl Foerster konnte wieder mit dem Staudenversand beginnen. Für seine Ver-

KARL FOERSTER

geboren am 9. März 1874 in Berlin, **gestorben** am 27.11.1970 in Potsdam-Bornim
verheiratet mit der Sopranistin Eva Hildebrandt (1902–1996), eine Tochter (Marianne, 1931–2010)

1889–91 Lehre in der Schlossgärtnerei in Schwerin

1892–93 Besuch der Gärtnerlehranstalt Potsdam-Wildpark

1893–1903 Gehilfenzeit, verschiedene Stationen im In- und Ausland

1903 erste eigene Gärtnerei in Berlin-Westend

1907 erster Katalog der Gärtnerei Foerster

1911 erstes Buch „Winterharte Blütenstauden und Sträucher der Neuzeit"

1920–41 Mitherausgeber der Zeitschrift „Gartenschönheit"

1928 Mitgründer der Abteilung für Gartengestaltung „Foerster und Co."

1943 Züchtung und Staudenversand kommen im Krieg zum Erliegen

1945 Die sowjetische Militäradministration nimmt die Gärtnerei als „Züchtungs-Forschungs-Betrieb winterharte Blütenstauden" unter ihren Schutz.

1949 Wiederaufnahme des Staudenversandes

1950 Ehrendoktorwürde der Humboldt-Universität zu Berlin

1959 Eröffnung Karl-Foerster-Garten in Erfurt

1959 Ehrenbürger Stadt Potsdam; Verleihung des Vaterländischen Verdienstordens in Silber

1959 Umwandlung der Gärtnerei in eine Kommanditgesellschaft mit staatlicher Beteiligung

1964 Ernennung zum Professor

1965 Gründung der Karl-Foerster-Stiftung für angewandte Vegetationskunde

1966 Erstes Ehrenmitglied der Internationalen Staudenunion

1967 Außerordentliches Mitglied der Westberliner Akademie der Künste

1970 Mit 96 Jahren verstirbt Karl Foerster in Potsdam-Bornim.

1985 Der Nachlass Foerster geht an die Staatsbibliothek zu Berlin – Preußischer Kulturbesitz.

dienste im gärtnerischen Bereich erhielt er 1950 die Ehrendoktorwürde der Humboldt-Universität zu Berlin. Es folgten zahlreiche weitere Ehrungen, die von dem großen Respekt zeugen, den Karl Foerster in Pflanzenzüchterkreisen genoss.

Mit seinem 1957 erschienenen Buch „Einzug der Gräser und Farne in die Gärten" verhalf Karl Foerster diesen unterschätzten Pflanzengruppen zu größerer Aufmerksamkeit. Dazu kam das immer breiter werdende Angebot an Gräsern und Blattschmuckstauden in der Gärtnerei Foerster, das es Gartenfreunden ermöglichte, diese Schätze zu erwerben und damit den eigenen Garten zu bestücken.

1959 wurde der Gärtnerbetrieb – wie es in der DDR üblich war – in eine Kommanditgesellschaft mit staatlicher Beteiligung umgewandelt. Die Verstaatlichung folgte 1972.

Als Karl Foerster am 27.11.1970 stirbt, hat er mehr als 500 Staudenneuzüchtungen herausgebracht und damit Gärten weit über Deutschlands Grenzen hinaus bereichert. Zu den bekanntesten zählen:

„Harfe und Pauke“: Bergenien und Lampenputzergras (oben), Diamantgras und Tafelblatt (rechts).

Rittersporn Delphinium: **‘Ballkleid’, ‘Berghimmel’, ‘Finsteraahorn’, ‘Jubelruf’**

Flammenblume Phlox: **‘Kirchenfürst’, ‘Kirmesländer’, ‘Eva Foerster’, ‘Düsterlohe’**

Sonnenbraut Helenium: **‘Blütentisch’, ‘Königstiger’, ‘Septemberfuchs’**

Sonnenauge Heliopsis: **‘Goldgefieder’, ‘Spitzentänzerin’**

Noch heute, fast 50 Jahre nach seinem Tod, sind viele von Foersters Sorten in den Katalogen europäischer Staudengärtnereien zu finden. Gärtner schätzen die guten Eigenschaften dieser Züchtungen: Standfestigkeit, lange Blütezeit, klare Farben und eine gute Widerstandsfähigkeit gegenüber Krankheiten. Hier zeigt sich die Konsequenz, mit der Foerster bei der Züchtung vorging. Gefiel ihm eine Pflanze nicht, hieß es: „Reiß das Schwein raus.“ So schafften es nur Pflanzen besonderer Qualität in seine Kataloge – und damit auch in die Herzen und Gärten seiner Kunden.

BEGEGNUNGEN MIT KARL FOERSTER

HORST SCHÖNE ERINNERT SICH

Es war wie eine Insel, die ich betrat, wenn ich meine wenig luxuriöse Studentenbude in Berlin-Mitte verließ, um in eine völlig andere Welt im Hause Foerster in Potsdam-Bornim einzutauchen. Offensichtlich hatte mein erster Besuch bei Karl Foerster 1966 Spuren hinterlassen, was gegenseitige Sympathie und Seelennähe anbetrafen.

Bereits als Lehrling war ich ein großer Fan von Karl Foerster. Seine Bücher „Ferien vom Ach" und „Warnung und Ermutigung" hatte ich nicht nur gelesen, sondern regelrecht verschlungen. Im Oktober 1966, kurz nach Beginn meines Gartenbaustudiums an der Humboldt-Universität zu Berlin, schrieb ich Karl Foerster eine Postkarte mit der Bitte um ein Treffen. Prompt kam von seiner Ehefrau Eva die Antwort, Karl Foerster könne mich im November empfangen.

Weitere Besuche folgten und ich sog die weltoffene, freundschaftliche und natürlich gärtnerisch geprägte Atmosphäre einfach genießerisch ein. In einer umfangreichen Bibliothek konnte ich stöbern und vor allem auch „Westgartenzeitungen" studieren, was leider während meiner Studienzeit in Berlin nicht möglich war.

STAUDENSCHMUGGEL MIT ROLLSTUHL

Der Rollstuhl, mit dem ich Karl Foerster bei meinen Besuchen durch seine Gärtnerei und zwischen den Staudenbeeten hindurchschob, entwickelte sich im Laufe der Zeit zum Schmuggelfahrzeug. Der leidenschaftliche Staudengärtner war bekannt für seine Ungeduld, Stauden-Neuzüchtungen möglichst schnell in die Gärten zu bringen. Zum Leidwesen seines damaligen Obergärtners Paul Bolz verschwanden aus den Beeten mit Neuheiten immer wieder Stauden, die eigentlich erst noch vermehrt werden sollten, bevor sie in den Verkauf gelangten. Karl Foerster verschenkte sie jedoch großzügig an

Besucher und schmuggelte die Pflanzen unter der Felldecke des Rollstuhls aus der Gärtnerei. Ich hatte zum Glück damals noch keinen Garten, sodass sich die Versuchung bei mir in Grenzen hielt.

Auf einer dieser Rollstuhltouren sollte ich am „Helenium-Quartier", einem Abschnitt der Gärtnerei, in dem die Sorten der Sonnenbraut standen, haltmachen und Samen sammeln. Das tat ich natürlich und versuchte, die Tüten mit dem Saatgut mit der Zunge auf der Pfalz zu befeuchten. Offensichtlich waren so viele Bitterstoffe in dem Samen, dass meine Zunge wie gelähmt war. Ich verspürte nie wieder das Bedürfnis, Ähnliches zu tun.

Einmal drängte mich Karl Foerster, einige Studentinnen meiner Seminargruppe nach Bornim mitzubringen. Wir verbrachten einen unterhaltsamen Nachmittag und kehrten mit riesigen Gräsersträußen beladen zum Bahnhof Potsdam zurück, wo von Passanten sofort erraten wurde, wo wir herkamen: natürlich von Karl Foerster.

DIE MENSCHEN UM KARL FOERSTER

Eva Foerster, die Ehefrau Karl Foersters und gute Seele des Hauses, lernte ich ebenfalls kennen und schätzen. Einmal zum sonntäglichen Mittagstisch, ich hatte gerade Karl Foerster mit weißem Hemd und dünnen blauen Samtschleifen um den Hals im Rollstuhl an den Tisch geschoben, bekam ich den Auftrag, mit einer fruchtigen Soße den bereitstehenden Pudding in einer Schüssel zu dekorieren. Nun muss man wissen, dass meine zeichnerischen Fähigkeiten nicht gerade besonders ausgeprägt waren. Heraus kam ein expressionistisches „Meisterwerk“, dessen Zustimmung seitens der Hausherrin wohl eher ein Akt der Höflichkeit war.

Ab und an kam Marianne Foerster, die Tochter des Hauses, zu Besuch. In Brüssel war sie Mitarbeiterin in einem großen Gartengestaltungsbüro und dort vor allem für Pflanzpläne zuständig. Wir lernten uns bei „Black and White“ (Schottischem Whisky) kennen und ich hatte bei Marianne einen Stein im Brett, nachdem ich meine Reiseeindrücke vom Rila-Gebirge und Pirin-Gebirge aus Bulgarien und von der Kalktatra in Tschechien in Form von Dias vermittelt hatte.

So kam es schon mal vor, dass ein Telegramm die Anwesenheit von Marianne verkündete und eine Einladung mich in Berlin erreichte. Ich übernachtete dann oft im Hause Foerster, und immer gab es Überraschungen unter meinem Kopfkissen. Bücher, Schokolade und einmal eine zweiäugige Spiegelreflexkamera, die – wie es sich später herausstellte – Marianne zur Konfirmation von ihrem Vater geschenkt bekommen hatte und die sich nach wie vor in meinem Besitz befindet.

Im Gedächtnis fest verankert ist ein winterlicher Besuch. Ich schlief im ersten Stock im Musikzimmer, in dem der große Flügel stand, und genoss den faszinierenden Blick auf den tief verschneiten Senkgarten. Das Herz tat sich weit auf.

Horst Schöne mit Karl Foerster beim Rollstuhlgang durch die Gärtnerei.

An die Haushälterin der Foersters und ihre Kochkünste kann ich mich noch gut erinnern. Es war eine kleine schmächtige Frau mit dem prägnanten Haarknoten der 30er-Jahre, die mir mein erstes Grünkohlgericht servierte. Es schmeckte vorzüglich, wie auch die anderen Gerichte, die im Hause Foerster serviert wurden. 2009 war ich es dann selbst, der den Kochlöffel schwang: In der Fernsehsendung „MDR Garten“ bereitete ich mit unserer damaligen Gartenköchin Carola Sedlacek vor laufender Kamera einen Grünkohltopf zu, der dem Team und Freunden so gut mundete, dass meine Frau und ich alljährlich im Januar selbigen wieder zubereiten müssen.

VIELE BESUCHER

Bei einem meiner Besuche im Hause Foerster war kurz vorher der einst enge Mitarbeiter von Karl Foerster und später bekannte Professor und Gartenarchitekt Hermann Mattern zu Gast gewesen. Eva Foerster meinte, ob es mir etwas ausmachte, in der Bettwäsche zu nächtigen, in der Mattern nur eine Nacht geschlafen hatte. Ich tat es und siehe da – ich erzähle es immer wieder gern zur Freude der Zuhörer – es muss etwas in dieser Nacht passiert sein. Ich fand die Vorstellung, dass von seinem Wissen etwas zu mir herübergewandert ist, faszinierend und erheiternd.

Berühmte Persönlichkeiten wie Wilhelm Furtwängler, der Dirigent, und Wilhelm Kempff, der Pianist, verkehrten im Hause Foerster. Kontakte gab es auch zu Richard Neutra, dem Architekten, zu den Schriftstellern Carl Zuckmayer und Erwin Strittmatter sowie zu vielen anderen bekannten Menschen.

Heinz Hagemann, Staudengärtner und einstiger Obergärtner bei Karl Foerster, lernte ich kennen und konnte ihn in viele fachliche Gespräche verwickeln. Auch Hermann Göritz, ein Landschaftsarchitekt und großartiger Pflanzenkenner, besuchte oft Karl Foerster. Er verehrte die Grand-Lady des Deutschen Theaters in Berlin, Inge Keller. Da ich als Student in Berlin mein Taschengeld als Kleindarsteller am Deutschen Theater aufbesserte, überbrachte ich ihr des Öfteren Grüße und kleine Geschenke von Göritz.

Einladungen von Familie Foerster an Horst Schöne

„Der Garten für alle und darin möglichst viele Gräser und Stauden."

TULPEN FÜR EVA FOERSTER

Nach dem Tode von Karl Foerster im Jahre 1970 zog sich Eva Foerster eine Zeit lang in ein evangelisches Heim nach Potsdam-Hermannswerder zurück. Ich war gerade mitten in einem Betriebspraktikum, ganz in der Nähe in Satzkorn tätig, wo wir Tulpen vorfristig zur Blute brachten. Stolz überreichte ich Eva Foerster einen stattlichen Tulpenstrauß, hatte aber den Sortennamen nicht mehr im Fokus. Dafür kannte aber Eva Foerster die Sorte: es war die „Lustige Witwe". Diese Begegnung war später oft Anlass zu viel Heiterkeit. In das berühmte Fettnäpfchen war ich scheinbar nicht getreten.

Viele Gärtner, die eine Weile in Potsdam-Bornim verbracht haben, bezeichneten diese Zeit als die Schönste ihres Lebens. Mich haben die Begegnungen mit Karl Foerster so geprägt, dass mein weiterer beruflicher Werdegang sich an den großen Idealen des leidenschaftlichen Staudengärtners orientierte.

Aus dem Eremurus-Garten der ega: Diese üppige Pflanzenpracht wäre ganz im Sinne von Karl Foerster.

GRÄSER PORTRÄTS

Die Vielfalt der Gräser ist ausgesprochen groß. Unterschiedlichste Größen, Formen und Farben erlauben es jedem Gärtner, die passende Art für seinen Garten zu finden. Vom bis zu 3,50 m hohen ***Miscanthus*** (Chinaschilf), das ganze Gartenareale beherrschen kann, über die fedrigen Waldschmielen (***Deschampsia***), die mit duftiger Leichtigkeit daherkommen, bis hin zum alle Blicke auf sich ziehenden Japanischen Blutgras (***Imperata***), das durch seine intensive Rotfärbung weithin leuchtet.

Wir haben für Sie eine Auswahl an Gräserarten getroffen, die uns besonders ans Herz gewachsen sind. Vielleicht verlieben Sie sich wie wir in das Goldflattergras (***Millium***), das im Frühjahr mit seinen gelben, grazilen Blättern einen wunderbaren Auftritt hinlegt. Oder Sie entdecken die Schwingel für sich, die in ihrer Farbigkeit in Kombination mit Blumenzwiebeln besondere Akzente setzen.

„Die Gräser beherrschen mit ihren vielen siegreichen Methoden die schwierigsten Naturbezirke aller Erdteile, von den umstürmten Meeresdünen bis zu den Überschwemmungsgebieten der Flüsse, von trockenen Sonnenhängen und Wegrändern bis in die Wälderschatten, von den riesigen Prärien und Steppen nördlicher und südlicher Länder bis zu den Rändern der Seen, Teiche und Flüsse, vom Innern der Sümpfe bis hinauf zu den Matten, ja bis hoch in die kahle Felsenwelt an die Schneegrenze."
aus: „Einzug der Gräser und Farne in die Gärten" von Karl Foerster

ARUNDO – PFAHLROHR

Vor allem für die Bepflanzung von größeren Kübeln empfehlen wir das weißbunte Pfahlrohr ***A. donax* 'Variegata'**. Obwohl diese Form langsamwüchsiger ist als die Art an sich und etwas Mühe beim Frostschutz einfordert, sieht man dieses Gras öfters auf Gartenschauen mit stattlichem Blattschmuck und Blütenpflanzen wie Cannas und Dahlien kombiniert. Hier verfehlen sie ihre Wirkung nie. Dem Zauber dieses Grases mit den breiten schilfartigen und grüngelb gestreiften Blättern kann man sich schwer entziehen. Deshalb empfiehlt sich das Gras für bunte attraktive Kübelbepflanzungen auch im privatem Gartenreich.

Ebenso dekorativ ist die Art mit den weißgestreiften Blättern, deren Verwendung der beschriebenen Art **'Variegata'** gleicht.

Die grüne Art ***Arundo donax*** ist dagegen nicht ganz so frostempfindlich, sollte aber an einem sonnigen, warmen und geschützten Platz stehen. Das stattliche Gras hat tropischen Charakter und ist gut als Solitär zu verwenden. Hohe Wasser- und Düngergaben zahlen sich aus. Auch hier ist ein leichter Winterschutz in Form einer Laubschütte zu empfehlen.

Tropisches Flair verbreitet die grüne Form des Pfahlrohrs.

Weißbuntes Pfahlrohr (Mitte) mit Türkenbundlilien (rechts) und Fingerhut (links)

STECKBRIEF:

- Bis zu 3,50 m
- Sonnig
- Weiß (blüht nur in heißen Sommern)

: Höhe, : Standort, : Blütenfarbe

CALAMAGROSTIS – GARTENREITGRAS

Wächst üppig: das Diamantgras (*C. brachytricha*)

C. overdam

C. brachytricha (Mitte) mit *C. acutiflora*

Die Gartenarchitekten haben das Gartenreitgras als attraktiven Ordnungshelden bereits entdeckt, entsprechend sieht man es im öffentlichen Grün und auf Gartenschauen des Öfteren. Im Privatgartenbereich fristet es dagegen noch ein Schattendasein.

Die Gräserhorste mit den schmalen Blättern und dem straff aufrechten Wuchs entwickeln ab Juni bräunliche Blütenrispen, die ihre Farbe in den Winter hinein behalten. Die gelbliche Färbung des Laubes ist ein schöner Herbstaspekt, von dem viele spätsommer- bzw. herbstblühende Stauden profitieren. Ungetrübt ist auch die Wirkung im Winter, da die straffe Struktur erhalten bleibt.

***C. acutiflora* 'Karl Foerster'** ist eine ältere, empfehlenswerte Sorte mit früher Blütenbildung. Ebenso wie Miscanthus sinensis 'Gracilimus' ist die Sorte mit einer Höhe von ca. 120 cm auch für Reihenpflanzung in Kombination mit anderen Gräsern oder zur Heckenbildung geeignet. Wie bei allen Gartenreitgräsern ist eine vollsonnige Lage Voraussetzung für eine optimale Entwicklung. Eine Verjüngung der Gräser durch Teilung wird alle 5 bis 7 Jahre empfohlen.
Das Diamantgras ***C. brachytricha*** wurde der Gattung Calamagrostis zugeordnet und bildet sehenswerte Horste mit zarten Blütenrispen. Zusammen mit Wildstauden erfreut uns das Diamantgras mit schönen lockeren und luftigen Pflanzungen.

Ganz anders präsentiert sich ***C. acutiflora* 'Overdam'**. Das Gras wächst schwächer als die beiden oben erwähnten Sorten und hat besonderen Zierwert durch die weißgrün gestreiften Blätter.

C. acutiflora in der Abendsonne

STECKBRIEF:

- Bis zu 1,50 m
- Sonnig-halbschattig
- Gelb-rot-braun

Für alle Gartenreitgräser ist jeder normale Gartenboden geeignet.

Sehr auffällig ist ***Carex elata*** **'Bowles Golden'** – und auch für Topfkulturen gut geeignet.

CAREX – SEGGE

Botanisch gesehen werden die Seggen nicht den Gräsern zugeordnet, sondern der Familie der Cyperacea (Sauergrasgewächse). Wir bezeichnen sie hier wegen ihrer Ähnlichkeit mit Gräsern und deren Verwendung als Gräser.

Als meist wintergrüne bzw. immergrüne Gräser empfehlen sich die Seggen, die dadurch für den winterlichen Garten unentbehrlich sind. Besonders hervorzuheben ist hier die Sorte ***Carex morrowii*** **'Icedance'**. Mit ihren gelbweißen Randstreifen hellt sie Schattenbereiche auf und ist ein zuverlässiger Begleiter durch das ganze Gartenjahr. Nur in sehr strengen Wintern gibt es braune Spitzen, die einen leichten Rückschnitt erfordern. Ein leichter Ausbreitungsdrang ist meist willkommen, da somit schöne Pflanzengruppen entstehen können.

Carex conica **'Snowline'** ist eine japanische Segge mit auffälligen weißen Blatträndern und nur ca. 15 cm Höhe sowie kompaktem Wuchs. Diese Eigenschaften machen das Gras auch für Kübelbepflanzungen besonders wertvoll.

STECKBRIEF:

- Bis zu 1,20 m
- Sonnig-halbschattig
- Große Vielfalt

: Höhe, : Standort, : Blütenfarbe

Carex montana

Carex buchananii

Carex grayi

Carex montana, die Bergsegge, eignet sich gut für trockene, kalkreiche Standorte. Es ist das ideale Gras zum Durchpflanzen von warmen, sonnigen Standorten und besonders für Böschungen zu empfehlen. Die frühe Blüte sowie die goldbraune Herbstfärbung sind weitere Gründe, dieses ca. 15 cm hohe Gras zu pflanzen. Die alten Halme sind leicht vor dem Neuaustrieb zu entfernen. Das dichthorstige Gras benötigt wenig Düngergaben.

Die **Bronzeseggen** aus Neuseeland haben in den vergangenen Jahren auf Gartenschauen und in Designgärten auf sich aufmerksam gemacht. Besonders auch deshalb, da sie sich gut mit modernen Materialien wie Edelstahl oder Cordenstahl kombinieren lassen.

Die fuchsrote Segge ***Carex buchananii*** wird ihrem Namen nicht ganz gerecht, da ihre Halme eher hellbraun als fuchsrot sind. Die ganzjährig wirkenden Halme bekommen im Juli einen interessanten Blütenschmuck. Feucht-kalte Winter werden nicht gut vertragen. Empfehlenswert sind deshalb durchlässiger Boden und eventuell leichter Winterschutz. Für moderne Kübelbepflanzungen sind es ausgezeichnete Solisten.

Die Palmwedelsegge ***Carex muskingumenses*** liebt feuchte Standorte und entwickelt hier schöne Kolonien. Die schmal-lanzettlich beblätterten Stiele sind ein hervorragender Vasenschmuck. Erwähnenswert ist die gelbe Herbstfärbung.

***Carex elata* 'Bowles Golden'** sieht man in englischen Gärten viel häufiger als bei uns, obwohl es auch mit den hiesigen Bedingungen gut zurechtkommt. Es liebt feuchten Boden und Sonne und entwickelt dann den auffällig gelben Blattschmuck, der die Blicke auf sich zieht.

Carex grayi, die Morgensternsegge, ist vor allem bekannt durch die namensgebende Fruchtbildung. Ansonsten ist das anspruchslose Gras mit den schmalen Blättern wenig auffällig. In Kübel gepflanzt oder in Sträußen wirkt es schon eher.

CHASMANTHIUM – PLATTÄHRENGRAS

Die ganz flachen, plattgedrückten Blütenähren geben dem Gras seinen Namen und machen es unverwechselbar. Das Wärme liebende, ca. 1,20 m hohe Gras mit frischgrünen Halmen bevorzugt nährstoffreiche Böden und empfiehlt sich als schönes Solitärgras.

★ Die Schnittstiele sind ein begehrtes Beiwerk, besonders für Trockensträuße.

Im Spätsommer färben sich die Blätter von Gelb bis Rotbraun – ist ein wichtiger Aspekt für den herbstlichen Garten. Das Plattährengras ist ein guter Partner zu spätsommerlichen Stauden mit naturhaftem Charakter. Von ***Aster amellus*** über ***Aster* 'Lutetia'** bis ***Aster linosyris*** gibt es unzählige attraktive Pflanzkombinationen.

STECKBRIEF:

- Bis zu 90 cm
- Sonnig-halbschattig
- Hellbraun-Kupferfarben

Plattährengras – ideal für Schnittzwecke

CORTADERIA – PAMPASGRAS

Auch vor der Blüte ist das niedrige Pampasgras sehr reizvoll.

Das Pampasgras ist ein Exot im Garten und deshalb schwer mit anderen Pflanzen zu kombinieren. Im Botanischen Garten Brünn (Brno) in Tschechien, der für viele Pflanzungen Vorbildliches geleistet hat, pflanzte man Pampasgräser vor eine Gruppe mit Blutberberitzen. Nicht nur zur Blüte der Pampasgräser war das ein aufregender Anblick!

Als Solitärgras zwischen mediterran wirkenden Stauden und Gehölzen wie Ziersalbei, Katzenminze, Heiligenkraut, Mönchspfeffer oder Weidenblättrige Birne gepflanzt, entfaltet das Gras seine ganze Wirkung. Vollsonnige Lagen mit einem durchlässigen, guten Gartenboden sind die Voraussetzung für gutes Wachstum.

STECKBRIEF:

- Bis zu 2,50 m
- Sonnig
- Bei den meisten Sorten rosa bis weiß

Winterschutz ist notwendig: Die Gräserbüsche zusammenbinden (Vorsicht scharfe Kanten = Verletzungsgefahr), mit Vlies umhüllen und eine ca. 20 cm hohe Laubschütte um den Wurzelbereich versehen. In das Herz des Grases darf keine Winterfeuchte gelangen, da die Fäulnisgefahr sehr groß ist.

Radikaler Rückschnitt ab Mitte April und eine kräftige Düngung regen den Austrieb an.

Die imposanten Blütenstände sind ein toller Schmuck für die Bodenvase.

Wir empfehlen die bis zu 2,50 m hohe Sorte **'Sunningdale Silver'** mit silberweißen Blüten und ***C. selloana*** **'Pumila'**, eine reichblühende, kompakt wachsende Sorte, deren Blütenstiele nur ca. 1,20 m hoch werden.

Hohes Pampasgras mit rotblättrige Berberitzen

DESCHAMPSIA – WALDSCHMIELE

Ein in voller Sonne, aber vor allem im lichten Halbschatten ca. 1,20 m hohes, duftig wirkendes Gras mit grünen Blattschöpfen. Die üppige Blüte lockert Schattenpartien auf, sollte jedoch wegen Versamungsgefahr nach dem Vergilben zurückgeschnitten werden.

Die erste Sorte und Steigerung der Art hat Karl Foerster mit **'Tardiflora'** bereits 1961 ausgelesen. Diese reichblütige Sorte mit kompaktem Wuchs überrascht mit elegant überhängenden, hellgrünen Blüten.

Durch die hellgelbe Färbung der Blütenstände ist die Sorte **'Goldschleier'** sehr auffällig und wird deshalb gern gepflanzt.

STECKBRIEF:

- Bis zu 1,20 m
- Sonnig-halbschattig
- Grün-gelb-braun-goldbraun

Alle Waldschmielen fühlen sich in einem frischen, humosen Boden besonders wohl. Ihre beliebte transparente Wirkung wird durch die zierlichen, langen Blütenrispen erreicht und von Gartenarchitekten gerne genutzt.

Fedrige Blütenwolken der Waldschmielen

: Höhe, : Standort, : Blütenfarbe

Blauschwingel (rechts) mit niedrigem Federgras kombiniert.

Atlasschwingel

Steckbrief:

- 0,2 – 1,00 m
- Sonnig, halbschattig, schattig
- Gelblich-braun

Festuca - Schwingel

Die Schwingel zählen zu den bekanntesten und beliebtesten Gartengräsern, wohl auch bedingt durch die stahlblaue bzw. sattgrüne Färbung der Halme.

Sie sind anspruchslos an den Boden, sollten jedoch in vollsonnige Lagen gepflanzt werden. In vielen Gärten sieht man leider viel zu oft überalterte Pflanzen, deren Blattfärbung stark zu wünschen übrig lässt und die geradezu struppig aussehen. Eine Verjüngung durch Teilung ist daher unbedingt alle 3 Jahre zu empfehlen. Die beste Zeit ist zum einen das Frühjahr. Ein erprobter Termin ist aber auch der September, wo die Gräser innerhalb von 4 Wochen neue Wurzeln entwickeln. Derart verjüngte Pflanzen überstehen schneereiche Winter, unter denen viele Festuca besonders leiden, auch besser.

Der Atlasschwingel ***F. mairei*** hat in den vergangenen Jahren eine weite Verbreitung gefunden und wird mit seinen graugrünen Blättern und dem kniehohen Wuchs gern rhythmisch in sonnendurchflutete Pflanzungen gesetzt. Auch hier fördert eine Teilung alle 5 Jahre den kompakten Wuchs und verhindert die Bildung von braunen Halmen, die den Gesamteindruck beeinflussen könnten. Gerade Kiesgärten tragen seinem hohen Wärmebedürfnis Rechnung, wo sich die Gräser besonders gut entwickeln.

Die ***F. gautieri*** **'Pic Carlit'** wächst im Gegensatz zur Art geschlossener und entwickelt ansehnliche dunkelgrüne Blattpolster. Das anspruchslose Gras hält sogar dem Wurzeldruck von Birken stand, die sonst sehr schwer zu unterpflanzen sind.

Stahlblaue Blattpolster entwickeln u. a. die Sorten von ***F. glauca,*** z. B. **'Blaufuchs'** und **'Azurit'.** Dazwischen gepflanzte Kleinblumenzwiebeln wie Krokus im Frühjahr und Herbstkrokus im September sorgen für aufregende Gartenmomente.

Für Herbstpflanzungen in Kübeln und Schalen sind die Schwingel fester Bestandteil und sorgen für schöne Aspekte.

: Höhe, : Standort, : Blütenfarbe

HAKONECHLOA - JAPANGRAS

Einen wahren Schatz für den Garten bildet das Japangras mit seinen überhängenden Blättern und dem eleganten Wuchs.

Wir möchten Ihnen die panaschierte Form ***H. macra* 'Aureola'** vorstellen. Im Halbschatten, bei frischem Boden entwickelt es stattliche Horste, die in Verbindung mit Schattenstauden wie Hostas Gärtnerherzen höher schlagen lassen. In voller Sonne hält es bei frischem Boden durchaus mit, jedoch lässt die Schmuckwirkung der Blätter durch Vergilben stark nach.

Die Gräserhalme zieren mindestens eine Woche jeden Stauden- bzw. Sommerblumenstrauß. In Kübel oder Keramiken gepflanzt, halten sie gut durch und erinnern durch den überhängenden Wuchs an einen Haarschopf.

Die grüne Art ist in den japanischen Gärten sehr beliebt.

STECKBRIEF:

- Bis zu 0,40 m
- Sonnig bis halbschattig
- Überwiegend weiß

Die grüne Form des Japangrases bildet imposante Büsche.

Die gelb-grüne Variante, auch sehr gut für Topfkultur geeignet.

HELICTOTRICHON – BLAUSTRAHLHAFER

Das immergrüne Ziergras mit den schmalen, blaugrauen Blättern erreicht mit den Gräserhorsten eine Höhe von ca. 40 cm. Die lockeren, hellbraunen Blütenrispen entfalten sich bis ca. 100 cm Höhe.

Das trockenheitsliebende Gras liebt warmen, durchlässigen und kalkreichen Boden in voller Sonne. Für Böschungen ist es ähnlich gut verwendbar wie der Atlas-Schwingel.

Im Frühjahr ist ein Ausputzen des Grases zu empfehlen. Gelegentliches Teilen verhindert ein Vergreisen der Gräser und lässt das Blaugrau der Blätter intensiver zur Geltung kommen.

Mit der Sorte **'Saphirsprudel'** ist dem leider bereits verstorbenen Staudengärtner Heinz Klose eine Verbesserung der Art gelungen.

Unentbehrlich für sonnige Gartenpartien: der Blaustrahlhafer.

Bergenien und Blaustrahlhafer

Hier wird ***Imperata*** eingerahmt von Perlenimmortellen (rechts) und ***Sedum*** (vorne).

STECKBRIEF:

Bis zu 0,50 m

Sonnig

Keine Blüten in unseren Breitengraden

IMPERATA – JAPANISCHES BLUTGRAS

Das weithin mit intensiver Rotfärbung leuchtende Japanische Blutgras ***I. cylindrica*** **'Red Baron'** ist eine wichtige Gartenbereicherung der vergangenen Jahre. Auf nährstoffreichen Gartenböden in Sonne und Halbschatten überrascht das ausläufertreibende Gras besonders dann, wenn es mit einer entsprechenden Pflanzenbenachbarung richtig zur Geltung gebracht wird. Hier sind z. B. graulaubige Stauden von Vorteil, da sie schöne Kontraste schaffen.

Für leichten Winterschutz in Form einer Laubschütte ist das Gras vor allem in Jahren mit starken Barfrösten dankbar.

In der Beliebtheitsskala der Gartenfreunde hat das bis vor Kurzem noch unbekannte Gras einen großen Sprung nach oben gemacht. Aus den Regalen der Gärtnereien und Gartenmärkte ist es inzwischen nicht mehr wegzudenken und im öffentlichen Grün, in Kübelbepflanzungen und Farbbeeten ist es immer öfter zu bestaunen.

Überraschend ist die Wirkung, wenn größere Stückzahlen des Japanischen Blutgrases mit anderen Gräsern gepflanzt werden. Ein Gras für ganz besondere Aufgaben!

Schneemarbel (*L. nivea*)

LUZULA – WALDMARBEL

Unverwüstlich sind die Waldmarbel, die nur geringe Standortansprüche stellen und die gut wurzeldruckverträglich sind.

Heinz Klose, Staudengärtner aus Lohfelden bei Kassel, entdeckte die Sorte **L. sylvatica 'Tauernpass'** durch Zufall, als er bei einer Exkursion 1968 in den Tauern „austreten" musste. Ursprünglich wollte er die Sorte spaßeshalber 'Tauernp.ss' nennen, tauschte aber dann doch das „i" mit einem „a" aus. Die breitblättrig und kompakt wachsende Pflanze ist eine wichtige Sorte für Schattenpartien und gut mit Schattenstauden wie Elfenblumen und Farnen zu kombinieren. Zum Unterpflanzen von Gehölzen sind die ca. 30 cm hohen Waldmarbel bestens geeignet. Die Sorte **'Aurea'** ist durch die gelben Blattränder auffälliger als die grüne Form. Alle Waldmarbel zeichnen sich durch ihr immergrünes Wuchsverhalten aus.

Eine elegantere Erscheinung ist der Schneemarbel ***L. nivea.*** Das Gras wird höher und hat schmale, grüne, bewimperte Blätter. Die weißen Blüten erscheinen schon im Frühjahr und haben hohen Schmuckwert. Die ca. 40 cm hohen Blütenhalme werden später hellbraun. Lichten Halbschatten liebt das Gras ebenso wie frischen, humosen Boden. Die Ansprüche sind etwas höher als beim Waldmarbel. Dafür ist es ein besonders liebenswertes Gras und zur Blütezeit unwiderstehlich.

Waldmarbel (*L. sylvatica*)

STECKBRIEF:

- Bis zu 0,60 m
- Sonnig-halbschattig
- Weiß-beige

Wirkungsvoll: Goldflattergras (rechts) mit einjähriger Mähnengerste.

MILLIUM – GOLDFLATTERGRAS

Einst bekam ich von einem Staudengärtner eine Pflanze von ***M. effusum*** **'Aureum'** geschenkt. Seitdem möchte ich dieses grazile Gras mit den gelben Blättern und der zarten Blüte nicht mehr missen.

Das liebenswerte Gras wandert durch reichen Sämlingswuchs bedingt durch den Garten und hat seinen

Hauptauftritt im Mai/Juni. Die Sämlinge sind leicht zu entfernen, wobei sich schon viele Besucher über Sämlingsgeschenke gefreut haben.

Durch die gelbe Blattfärbung und die schöne lockere Blüte kann man es gut für bunte Staudensträuße verwenden.

Leider lässt die Wirkung des Grases im Sommer nach. Die Blätter vergrünen oft und die Halme liegen kreuz und quer, das heißt die Pflanze macht im Sommer nicht den besten Eindruck. Trotzdem ist ihr Erscheinungsbild im Frühjahr in Kombination mit Blumenzwiebeln und Schattenstauden so spektakulär, dass dem Gras sein nicht mehr ideales Aussehen in den späteren Monaten verziehen wird.

STECKBRIEF:

- Bis zu 0,50 m
- Sonnig bis halbschattig
- Hellbraun

MISCANTHUS – CHINASCHILF

Es ist zweifelsfrei die Gräsergattung mit der größten Verwendungsvielfalt. Einen Aufschwung erlebte die Gattung, als in den 80er-Jahren der bekannte Staudenzüchter Ernst Pagels sich des Chinaschilfs annahm und über 50 neue Sorten züchtete. Die wiederum beeinflussten die neuzeitliche Gartenarchitektur so, dass sich mit „Ornamental Grass Gardening“ ein neuer Gestaltungstrend entwickelte.
An der Form des Blütenstandes kann man das Chinaschilf aus der Schar der Ziergräser heraus leicht erkennen. Die Blütenstiele sind ein begehrter Schmuck für Sommer- und Herbststräuße.

Forschungsergebnisse der vergangenen Jahre haben bewirkt, dass vor allem das Riesenchinaschilf in der Bauindustrie (Dämmplatten), in der Zellstoffindustrie sowie der Landwirtschaft (Tiereinstreu) und dem Gartenbau (Torfersatz, Blumentöpfe) eingesetzt wird. Die Hauptbedeutung jedoch hat ***Miscanthus*** als Energielieferant (Häcksel und Pellets) in Biogasanlagen.

Akzente im Garten setzt das Riesenchinaschilf.

STECKBRIEF:

- Bis zu 3,50 m
- Sonnig
- Weiß-silbrig-gold-rot-braun

: Höhe, : Standort, : Blütenfarbe

M. Gracillimus (hinten) zusammen mit dem spätsommerblühenden Silberstrauch

Für die Ecksituation wie geschaffen: ***M. Sinensis.***

M. Sinensis in der Blüte.

MISCANTHUS – CHINASCHILF

Wir wenden uns natürlich den Gartensorten zu und haben für Sie eine Auswahl zusammengestellt:

Miscanthus x giganteus ist gerade für große Gärten als Solitärpflanze eine wuchtige Erscheinung, auf die man nicht verzichten möchte. Auf nährstoffreichen Böden mit guter Wasserversorgung und einer Volldüngergabe im Frühjahr sind Gräsergestalten bis 4 m Höhe keine Seltenheit. Als Sichtschutz ist dieses Gras gut geeignet, wenn auch erst ab Mitte Juni die erhoffte Wirkung eintritt.

Der Rückschnitt sollte bodennah gegen Mitte April erfolgen, wobei Stängelreste leicht durch Abbrechen entfernt werden können. Dauerunkräuter wie Quecke und Giersch dringen mit Vorliebe in das Rhizomgeflecht ein. Spätestens hier muss die Pflanze komplett aufgenommen und geteilt werden, was eine Kraftprobe für den Gartenfreund darstellen kann. Da Gräserhalme des Riesenchinaschilfes bedingt durch Herbst- und Winterstürme gern im Garten umherschwirren, sollte man die Pflanze ca. 50 cm von der Basis an mit Vlies, Kaninchendraht u. a. umwickeln.

Eine Miscanthusart, die selten blüht, aber eine Strukturpflanze von Rang ist, sei mit ***M.sinensis* 'Gracillimus'** empfohlen. Es ist das ideale Gras zum Gliedern von Staudenpflanzungen. Mehrreihige Soloauftritte in öffentlichen Grünanlagen sind sehr wirkungsvoll, besonders wenn diese vor modernen Glas-Stahlbauten stehen.

Ältere Pflanzen wachsen gern nach außen und hinterlassen eine kahle Mitte. Teilen im April mit gleichzeitiger Bodenverbesserung wird empfohlen. Pflanzzeitpunkt sollte wie bei den meisten Gräserarten das Frühjahr sein.

Das Stachelschweingras ist bekannt und beliebt.

M. 'Morning Light'

M. 'Silberfeder' im Herbstschmuck

STECKBRIEF:

Bis zu 3,50 m

Sonnig

Weiß-silbrig-gold-rot-braun

Es verlangt ein wenig Geschick, die Gräserhalme auf nur wenige Zentimeter zurückzuschneiden. Eine gute Gartenschere und büschelweises Erfassen sind dabei gute Helfer. Das Eulaliagras – wie es auch gern genannt wird – ist mit seinen leicht überhängenden Trieben und dem Silberstreifen ein echter Gartenschatz.

Für kleinere Gärten hat sich die Sorte **'Kleine Fontäne'** mit grazilen Stielen und mit Blütenreichtum schon ab Juli bewährt. Das Gras blüht leicht rötlich und erreicht eine Höhe von etwa 1,20 m.

Mit **'Malepartus'** ist Ernst Pagels ein großer Wurf gelungen. Prächtige, standfeste Horste überraschen mit rot/silbrigen Blüten an roten Stielen. Das über 2 m groß werdende Gras färbt sich im Herbst rotbraun und ist ein echter Hingucker im herbstlichen Garten.

Zu unseren Lieblingsgräsern zählt die Sorte **'Morning Light'**. Wenn die Morgensonne auf das Gras mit den zierlichen weiß gerandeten Blättern fällt, gibt es einen wundervollen Effekt. Das Gras wächst nicht zu schnell und sollte mit gelegentlichen Wassergaben, einem guten Substrat und einer Handvoll Hornspäne verwöhnt werden.

Miscanthus sinensis **'Silberfeder'** ist eine 1963 eingeführte Sorte, die nie enttäuscht hat und die imposante, bis zu 2 m hohe Gräserbüsche bildet. Das Gras verkahlt nicht, sodass ein Umpflanzen kaum erforderlich ist.

M.sinsensis **'Strictus'**, das Stachelschweingras, soll die kleine Auswahl beschließen. Die grüngelbgestreiften Blätter lassen das Gras ziemlich dominant erscheinen, sodass Überlegungen zu der Wahl der Nachbarpflanzen angebracht erscheinen.

: Höhe, : Standort, : Blütenfarbe

MOLINIA – PFEIFENGRAS

Von umwerfender Schönheit sind die Pfeifengräser, vor allem die hohen Sorten. Mit der Sorte **'Windspiel'** legen wir Ihnen ein bis zu 2 m hohes, filigranes Gras an das Herz, das mit einer besonders schönen gelben Herbstfärbung wochenlang ganze Gartenräume beherrschen kann. Die standfeste Sorte sollte Solitär gepflanzt werden, damit die straffe Struktur und Linienführung voll zur Geltung kommt.

Ganz anders kann man die niedrigen Sorten wie **'Moorhexe'** verwenden. Für Mischpflanzungen sind sie hervorragend geeignet, Akzente zu setzen. Es wird empfohlen, eine größere Stückzahl einzusetzen. Auch in Heidepflanzungen und in Kübeln machen sie eine gute Figur.

Die Ansprüche der Pfeifengräser an Boden und Standort sind nicht sehr hoch. Normaler, durchlässiger Gartenboden in voller Sonne bringt bei guter Düngung (Blaukorn) und Wasserversorgung wunderbare, filigrane Gerüstbildner hervor. Bitte nicht in unmittelbare Nähe von Hecken pflanzen, Wurzeldruck ertragen sie schlecht.

STECKBRIEF:

- Bis zu 2,00 m
- Sonnig
- Gelb-braun-rötlich

Molinia arundinacea 'Transparent'

Hohes Pfeifengras, kombiniert mit Kardendisteln

Schlangenbart

STECKBRIEF:

Bis zu 0,20 m

Sonnig

Überwiegend weiß, aber auch rosa bis violett

OPHIOPOGON – SCHLANGENBART

Mit den grasartigen, immergrünen und schmalen Blättern gehört der Schlangenbart zwar nicht zu den Gräsern, soll aber hier aufgrund von Ähnlichkeit und Verwendung mitbehandelt werden.

Schlangenbart mag halbschattige Lagen mit frischen Böden zur vollen Entwicklung. Mit dem Ausbreitungsdrang kommt man in der Regel gut zurecht.

Besonders angetan hat es uns die Sorte **'Nigrescens'**. Das ist die rosaweißblühende, fast schwarzblättrige Form, die immer wieder auf Gartenschauen oder in japanischen Gärten für Aufmerksamkeit sorgt.

Ein guter Nachbar ist z. B. die Hosta-Sorte **'June'**. Auch diverse Heuchera-Sorten lassen sich gut mit dem Schlangenbart kombinieren. Im hellen Kies gepflanzt wird die Wirkung des Schlangenbarts noch weiter gesteigert.

Auch die grüne Form ***Ophiopogon japonicus*** mit bis zu 30 cm hohen und ca. 3 mm breiten Blättern ist eine filigrane Erscheinung und lockert durch ihre besondere Struktur Halbschattenpartien auf.

: Höhe, : Standort, : Blütenfarbe

Blütenwolken der Rutenhirse

***Panicum* 'Heavy Metal'**: Ordnungsheld durch straffen Wuchs

PANICUM – RUTENHIRSE

Das kurze, ausläufertreibende Gras kommt aus den Prärien des südlichen Nordamerikas zu uns. Seine transparente Wirkung, die überzeugende Herbstfärbung und die hervorragende Schnitteignung machen die Rutenhirse für den Garten so wertvoll.

Rutenhirse wächst straff aufrecht, worin sich besonders die Sorte **'Heavy Metal'** auszeichnet, wirkt aber auch locker mit breiten Rispen wie die Sorte **'Shenandoah'**. Die Sorte **'Cloud Nine'** entwickelt sich zu einem Riesenbusch und ist als Solitärpflanze nicht zu übersehen.

'Heavy Metal' ist ein echter Ordnungsheld mit seiner blaugrünen Blattfärbung und dem schon erwähnten straffen Wuchs. Das Gras ist völlig fehlerfrei und wie alle Panicum im Frühjahr nach Rückschnitt leicht zu teilen. Das wird erst dann erforderlich, wenn Wachstums- und Blühverhalten nachlassen. In Gruppen zu drei bis fünf Stück gepflanzt, entfaltet es eine großartige Wirkung. Auch in rhythmischer Wiederholung ist das Gras sehr gut in längeren Staudenrabatten einsetzbar.

'Shenandoah' ist sicher die Sorte mit der überzeugendsten Herbstfärbung. Schon während der Vegetationsperiode mit roten Laubspitzen und leicht überhängendem Wuchs interessant, macht die spektakuläre Herbstfärbung das Gras unentbehrlich.

Bei **'Cloud Nine'**, dem Wolke 9-Gras, muss man kräftiges Wachstum einkalkulieren. In einem der schönsten Schlossgärten in Frankreich, in Villandry, drehten wir für den MDR Garten im Wolkengarten – ein unvergessliches Erlebnis. Die Anemone **'Honorine Jobert'** bildete dort eine weiße Wolke, die Salbeiart **'Uligonosa'** eine blaue Wolke. Die herausstechende Gräserwolke bestand aus dem ***Panicum* 'Cloude Nine'**. Ein nachhaltiger Eindruck zur Nachahmung empfohlen!

Für Sommer- und Herbststräuße sind alle Panicum willkommenes Beiwerk.

: Höhe, : Standort, : Blütenfarbe

PENNISETUM – LAMPENPUTZERGRAS

Im Sommer- und Herbstgarten sind die Lampenputzergräser mit ihren rundlichen, dichten Büschen und ihren flaschenbürstenähnlichen Blütenähren aus vielen Gärten nicht mehr wegzudenken. Durch ihre Wuchsform bedingt sind sie für Ecksituationen ideal und zu einer Vielzahl in Sommer und Herbst blühenden Stauden gut kombinierbar.

Durchlässiger Boden ist sehr wichtig, da Staunässe und nasskalte Witterung vor allem in den Wintermonaten tödlich für diese Gräserart sein kann.

Im April ist ein starker Rückschnitt erforderlich. Viele Gartenfreunde lassen 15 cm und mehr stehen – wir empfehlen, das Gras auf 5 cm zurückzuschneiden.

Auf schweren Böden ist ein Teilen zum Erhalt der Wuchskraft etwa alle fünf Jahre erforderlich.

Wie viele Gräser sollten alle Pennisetum-Sorten im Frühjahr gepflanzt werden. Das garantiert ein optimales Anwachsen vor dem nächsten Winter. Im 1. Standjahr ist zudem ein Winterschutz zu empfehlen.

Für eine Düngung mit Hornspänen bzw. Blaukorndünger bedanken sich die Lampenputzergräser mit einer entsprechenden Wuchsleistung.

Eine robuste Sorte, die etwas breiter ausladend ist, ist ***Pennisetum alopecuroides* 'Compressum'**. Sie weist eine schöne Herbstfärbung auf: Zwischen den graugrünen Blättern entwickeln sich bräunliche, leicht überhängende Blüten.

Die Sorte **'Hameln'** empfiehlt sich als eine ca. 60 cm hoch wachsende Sorte, die bereits ab Juli zu blühen beginnt.

STECKBRIEF:

- Bis zu 1,00 m
- Sonnig
- Gelblich-bräunlich

Imposante Gräserbüsche des Lampenputzergrases im Spätsommer, hinten steht Eulaliagras.

Sesleria autumnalis, gelbgrünes Graswunder von Frühjahr bis Herbst.

STECKBRIEF:

Bis zu 0,30 m

Sonnig-halbschattig

Silbrig-weiß

SESLERIA - KOPFGRAS

Bei den Kopfgräsern hat vor allem das spät im Sommer blühende ***Sesleria autumnalis*** Karriere gemacht. Es kann Gartenfreunden wärmstens empfohlen werden. Das frische Grüngelb der Blätter mit den weißen, rispenartigen Blütenständen ab September macht das Gras sehr beliebt. Es wächst kompakt bis gut 30 cm Höhe und eignet sich deshalb hervorragend zum Durchsetzen von Mischpflanzungen, wo es mit halbhohen Stauden kombiniert naturnahe Pflanzungen zaubert.

Das Gras ist als kalkliebend und trockenheitsverträglich bekannt und verträgt auch leichten Wurzeldruck. Sonnige Lagen werden bevorzugt, im Schatten verliert sich das frische Gelb-Grün.

Nach einem strengen Winter ist eventuell das Einkürzen der Halme auf die Hälfte erforderlich. Ansonsten reicht ein Ausputzen in der Regel aus.

Auch bei dieser Gräserart wird nach ca. 5 Jahren ein Teilen unumgänglich, um ein ruppiges Aussehen zu vermeiden. Wir empfehlen generell, öfter zum Spaten zu greifen, um nicht nur Gräser, sondern auch Stauden durch Teilen zu verjüngen und ein vorzeitiges Vergreisen zu verhindern.

Eine leichte Düngung mit Blaukorn reicht in der Regel aus.

: Höhe, : Standort, : Blütenfarbe

Das Gras mit dem schönsten Halmwurf: Goldbandleistengras.

SPARTINA - GOLDBANDLEISTENGRAS

STECKBRIEF:

- Bis zu 1,50 m
- Sonnig
- Gelb-braun

Mit allen guten Eigenschaften ausgestattet, wundert man sich immer wieder über das „Aschenbrodeldasein", das diese Gräserart zurzeit noch fristet. Ein gewisser Ausbreitungsdrang ist da, wobei dieser sich leicht bändigen lässt. Das anspruchslose Gras verträgt sowohl Trockenheit als auch frischere Standorte, wo es sich besonders gut entwickelt.

Häufigeres Anpflanzen sorgt für tolle Gartenerlebnisse im Sommer wie im Winter (Raureif). Den starken Rückschnitt im April sollte man auch hier mit einer Düngergabe verbinden.

Karl Foerster hat das Goldbandleistengras mit dem etwas schwierigen botanischen Namen ***Sp. pectinata* 'Aureomarginata'** als das Gras mit dem schönsten Halmwurf bezeichnet und mit brandendem Wasser verglichen.

Schnittstiele mit Hostablättern kombiniert bringen Aha-Effekte in das Wohnzimmer und halten nahezu zwei Wochen in der Vase. Die Blüten sind nicht so spektakulär und haben wenig Schmuckwert.

Auch für Schnittzwecke ist ***Spartina*** hervorragend geeignet.

Noch wenig in den Gärten:
das sibirische Zottenrauhgras.

SPODIOPOGON – SIBIRISCHES ZOTTENRAUHGRAS

Noch wenig bekannt ist das Sibirische Zottenrauhgras. Im Garten von Horst Schöne ist es zu einem festen Bestandteil geworden. Die Gräserhorste haben einen aufrechten Wuchs und wirken weniger elegant als ordnend mit ihrem schilfartigen Wuchs. Dic fast waagerecht stehenden Blätter färben sich im Austrieb und vor allem im Herbst mit einer wunderschönen rötlichen Farbe.

Durch den besonderen Wuchs und das spezielle Erscheinungsbild ist das 1,80 m hohe Gras mit keinem anderen Gras vergleichbar. Wer es in seinem Garten pflanzt, wird es nicht mehr missen wollen.

Das Sibirische Zottenrauhgras wächst auch an ungünstigen Standorten im Halbschatten. Bodennaher Rückschnitt im April mit einer Düngergabe wird empfohlen.

Die Sorte **'West Lake'** ist eine robuste und wüchsige Auslese und mit ihren rötlichen Blüten eine Bereicherung für den Garten.

Tautropfengras mit
Herbstzeitlosen

SPOROBULUS – TAUTROPFENGRAS

Wenn bei dem ca. 50 cm hohen Gras nach einem Regenguss oder am Morgen bei Sonnenschein die Regen- bzw. Tautropfen im Licht funkeln, liebt man das filigrane Gras auf Anhieb. Mit seinen dichten sattgrünen Blattschöpfen und den leicht überhängenden bräunlichen Blüten mit zartem Duft hat sich das Gras einen Stammplatz im Garten verdient. In Mischpflanzungen wirkt es wie eine duftige Wolke und sieht durch die gelbbraune Herbstfärbung edel zwischen halbhohen Herbststauden aus.

***Sp. heterolepsis* 'Cloud'** ist eine empfehlenswerte Auslese mit roten Halmen. An den Boden werden keine besonderen Ansprüche gestellt, der Standort sollte jedoch vollsonnig sein.

: Höhe, : Standort, : Blütenfarbe

STIPA – FEDERGRAS

Das Reiherfedergras ***Stipa barbata*** ist wohl das bekannteste der Federgräser. Ein besonderes Erlebnis ist immer die Blüte an Naturstandorten. Auf durchlässigen, kalkreichen Böden bewegen sich die weißlichen Blütenstände grazil im Wind. Da die Pflanzen wenig Platz im Beet beanspruchen, kann man sie gut in Pflanzungen einstreuen, was ihre Wirkung noch steigert. Ein vollsonniger Platz sollte dafür reserviert werden.

Stipa gigantea, das Riesenfedergras, ist ein Gigant im sonnenreichen Garten. Einzeln gepflanzt erzielt es als Solitär eine großartige Wirkung mit seinen bis 1,80 cm hohen, haferähnlichen Blütenstielen. Im Gegensatz zum Reiherfedergras ist dieses schöne Solitärgras noch viel zu selten in den Gärten zu finden.

Stipa tennuissima (neu: ***Nassella tennuissima***) ist mit seinen feinen grünen Blättern und kompaktem Wuchs sowie der reichen Blüte und ca. 50 cm Höhe ein absoluter Hingucker, wenn es in größeren Stückzahlen verwendet wird. Häufiges Aussamen stört nicht. Zu viele Sämlinge sind leicht zu entfernen oder zu verschenken.

STECKBRIEF:

- Bis zu 1,80 m
- Sonnig
- Weiß-silbrig-beige-gold-gelb

Reiherfedergras mit eleganten Blütenstielen

Stipa tenuissima hat eine auflockernde Wirkung im Staudenbeet.

Das Riesenfedergras ist unübersehbar.

BAMBUS
IMMERGRÜNE GRASWUNDER

An der Verwendung von Bambus scheiden sich die Geister. Für asiatisch geprägte Gärten sind sie unabkömmlich. Sie geben diesen exotisch anmutenden Gärten ihr unverwechselbares Gepräge und können einmalige Stimmungen herbeizaubern.

In sonstige Haus- und Wohngärten gepflanzt sind es oft Fremdlinge, die durch ihre besonderen Wuchsformen und ihr immergrünes Verhalten nicht so recht zu ihrer Umgebung passen wollen. Es ist eine Gratwanderung, die viel Fingerspitzengefühl erfordert, um dem Bambus die entsprechenden Spielräume für die Gartenverwendung zu schaffen.

Tatsächlich ist die Angebotspalette von Bambus in den vergangenen Jahren enorm gestiegen und lässt bis zur Heckenbildung vielfältige Verwendungsmöglichkeiten zu. Auch hier führt Unkenntnis bei vielen Gartenfreunden zu Unsicherheiten und darauf folgenden Abneigungen.

Vier bewährte Arten bzw. Sorten stellen wir vor und können ihre Verwendung nur empfehlen.

Rhizomsperren sind für ausläuferbildende Bambus-Arten unerlässlich

Phyllostachys aureosulcata

Dieser Bambus wird bis zu 5 m hoch, an zusagenden geschützten Standorten noch höher. Er lässt sich von anderen Bambus-Arten durch die gelbgrün ausgefärbten Triebe unterscheiden. Die Winterhärte ist gut, vor allem wenn die Pflanzen eingewachsen sind. Deshalb empfiehlt sich eine Frühjahrspflanzung und als Winterschutz in den ersten drei Jahren eine Laubschütte. Zu bedenken ist, dass es eine Menge Klone dieser Bambus-Art gibt, die eine unterschiedliche Winterhärte aufweisen können.

Als Solitär macht die Pflanze eine ansprechende Figur und auch als Heckenpflanze ist sie auf jeden Fall geeignet. Eine Rhizomsperre ist auch hier unerlässlich, wenn man nicht in ein paar Jahren sein Frühstück in einem Bambuswäldchen einnehmen möchte.

Phyllostachys bissettii

Der Bissett-Bambus ist eine der winterhärtesten und unempfindlichsten Bambusarten. Für Hecken sind die bis zu 5 m hohen Pflanzen, die in sonniger bis halbschattiger Lage gut gedeihen, genauso geeignet wie als Solitärpflanze. Die jungen Halme sind grau bemehlt, dann frischgrün und später glänzend olivgrün. Mit den tiefgrünen Trieben ist der Bissett-Bambus eine elegante Erscheinung. Eine Rhizomsperre ist unbedingt erforderlich, um die Ausläuferbildung zu unterbinden.

FARGESIA MURIELAE 'FLAMINGO'

Die Fargesia ist auch als Gartenbambus bekannt und zählt mittlerweile durch ihre Sortenvielfalt zu den beliebtesten Bambusarten. **'Flamingo'** bildet üppige grüne Büsche, die auch in die Breite wachsen und sich daher gut für Hecken anbieten. In nährstoffreichen Böden in sonniger bis halbschattiger Lage werden stattliche Pflanzen bis zu 3 m Höhe gebildet. Wie bei allen Fargesia-Arten und -Sorten ist eine Rhizomsperre nicht erforderlich.

FARGESIA MURIELAE 'FONTÄNE'

Diese Fargesia-Sorte ist durch die dichte Laubentwicklung und ihre Schnittverträglichkeit sehr gut zur Heckenbildung geeignet. Obwohl hier keine Rhizomsperre nötig ist, wachsen die Pflanzen auch in die Breite, sodass ein Abstechen oder bodentiefes Abschneiden von Halmen erforderlich wird. Auch als Solitär und zur Kübelbepflanzung lässt sich **'Fontäne'** gut einsetzen. Je nach Verwendungszweck kann auch die **'Fontäne-Mini'** gepflanzt werden, die im Gegensatz zur **'Fontäne'** mit 3 m Höhe nur 2 m hoch wird.

STECKBRIEF:

- Bis zu 5,00 m
- Sonnig-halbschattig
- Bambus blüht nur sehr selten

Von März bis Juni sollte ein spezieller Bambusdünger für alle Bambusarten verabreicht werden, da die Pflanzen durch ihre Laubfülle zu den Nährstoff-Starkzehrern zählen.

BLATTSCHMUCK-STAUDEN

Blattschmuckstauden machen immer mehr von sich reden, da sie nicht nur während der Vegetationsperiode, sondern fast ganzjährig den Garten bereichern können.

Die verschiedenen Grüntöne, die Farbigkeit des Blattwerkes, die Größe und Struktur sowie die längere Erlebbarkeit im Kontrast zu den Blütenpflanzen machen sie für den Garten so wertvoll und unentbehrlich. Dabei spielen die großblättrigen Stauden eine besondere Rolle.

Natürlich blühen Blattschmuckstauden auch, zum Teil mit sehr ansehnlichen Blüten. Die Hauptzierde der Pflanzen ist jedoch die Wirkung ihrer Blätter. Es gibt für Sonne und Halbschatten eine gute Auswahl, wobei für schattigere Standorte eine größere Auswahl von Pflanzen bereitsteht.

Weil Gräser und Blattschmuckstauden bei den verschiedenen Verwendungsmöglichkeiten sehr gut zusammen gepflanzt werden können – wodurch ihre Wirkung noch gesteigert wird – haben wir in diesem Buch besonderen Wert auf dieses wichtige Zusammenspiel gelegt. „Harfe und Pauke", wie Gräser und Blattschmuckstauden auch genannt werden, können in geschickter Kombination atemberaubende Gartenerlebnisse vermitteln.

Bergenien mit herbstblühendem Kopfgras

Hostas zählen zu den beliebtesten Blattschmuckstauden.

ASTILBOIDES – TAFELBLATT

Mit runden Blättern bis 70 cm Durchmesser und mittigem Stielansatz bildet das Tafelblatt imposante Blattbüsche, die ihre Wirkung nicht verfehlen und fast tropischen Charakter annehmen.

Voraussetzung für eine optimale Entwicklung sind kühle, feuchte und humusreiche Böden im Halbschatten. Weit über dem Laub werden im Juli astilbenähnliche weiße Blütenrispen entwickelt.

Ob im Gehölzgarten, am Teichufer oder in der Schattenrabatte – diese Blattschmuckstaude ist ein Hingucker. In den ersten Pflanzjahren hat das Tafelblatt ein eher bescheidenes Auftreten. Wer aber die notwendige Geduld mitbringt, wird ab dem 3. Standjahr mit großen, hellgrünen, rundlichen und unregelmäßig gelappten Blättern belohnt, die Durchmesser von bis zu 70 cm erreichen können.

Bekommt es zu viel Sonne, kommt es schnell zu Blattverbrennungen. Da die Pflanzen viel Blattmasse entwickeln, sollte man mit Wasser und Nährstoffen nicht geizen. Stauende Nässe und Trockenheit sind unbedingt zu vermeiden.
Werden der Pflanze die gewünschten Standortbedingungen geboten, wird der Gartenfreund viel Freude an dieser prächtigen Blattschmuckstaude haben.

STECKBRIEF:

- Bis zu 0,80 m
- Halbschattig
- Grünlich-weiß

Das Tafelblatt ist ein guter Begleiter für Gräser.

: Höhe, : Standort, : Blütenfarbe

Steckbrief:

- Bis zu 0,40 m
- Halbschattig
- Rot-rosa-weiß

Bergenia – Bergenien

Zugegebenermaßen: In meinen früheren Gärtnerjahren hatte ich ein zwiespältiges Verhältnis zu den unverwüstlichen Blattschmuckstauden aus Ostasien. Das lag wohl vor allem an der ***Bergenia cordifolia,*** deren Schönheit sich in Grenzen hielt und der ich weder vom Blatt noch von der Blüte etwas abgewinnen konnte.

Die Züchtung hat jedoch auch vor den Bergenien keinen Halt gemacht und so ist eine Vielzahl neuer Sorten entstanden, die ausgesprochene Laubschönheiten sind und deren Blüte sich durchaus sehen lassen kann. Den Hauptschmuck bilden sicher die immergrünen Blätter, die sich bei einigen Sorten im Herbst von bronzefarben bis glutrot färben. Die Blüten sind zuweilen spätfrostgefährdet, haben aber gutes Schnittblumenpotenzial.

Bergenien lassen sich sehr vielseitig verwenden. In Kombination mit Schattengräsern z. B. ***Carex* 'Icedance'** oder dem **Japan-Waldgras** geben sie das ideale Bild von „Harfe und Pauke" ab. Vor repräsentativen Gebäuden sieht man zuweilen auch eine wirkungsvolle, flächendeckende Pflanzung.

Die Kultur ist denkbar einfach: Im lichten Schatten gedeihen Bergenien am besten. Selbst im trockenen Schatten lassen sie sich verwenden. In Kiesbeeten vertragen sie sogar volle Sonne.

Offensichtlich scheinen die Blätter dem Dickmaulrüssler gut zu munden, da man oft die typischen Ausbuchtungen an den Blatträndern sieht. In solchen Fällen wird ein Nematodeneinsatz erforderlich.

Die Sorte **'Admiral'** hat leuchtend purpurrosa Blüten mit dunklen Blütenstängeln. Die Blätter brillieren mit einer intensiven Rotfärbung im Herbst/Winter.

Die Sorte **'Monte Rosa'** empfiehlt sich mit glänzendem Laub sowie braunroter Winterfärbung und riesigen Blüten.

Die Sorte **'Oeschberg'** hat robustes, im Winter rotbraunes Laub und zeichnet sich durch besonders gute Winterhärte aus. Die Blüten sind frischrosa und gut verzweigt.

Die Karl-Foerster-Sorte **'Schneekönigin'** hat apfelrosa Blüten und ein besonders schönes Laub.

Viele Bergenien färben sich im Herbst spektakulär rot.

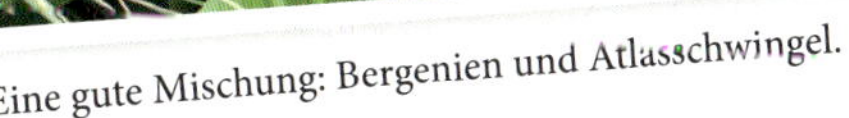

Eine gute Mischung: Bergenien und Atlasschwingel.

CIMICIFUGA - SILBERKERZE

Im lichten Schatten sind die langlebigen Silberkerzen ganz wichtige Akteure im sommerlichen und spätsommerlichen Garten. Zu dem schönen grünen Laub haben sich Sorten mit rötlichem bzw. schwarzrotem Laub gesellt. Die Blütentürme sind weiß, lange blühend und sehr auffällig. Mit Recht kann man sie zu den Blattschmuckstauden zählen.

***Cimicifuga ramosa* 'Atropurpurea'**, die September-Silberkerze, hat zunächst braunrote Blätter, die im Verlauf der Vegetationsperiode leicht vergrünen. Ihr verzweigter, leicht überhängender Blütenstand, der einen intensiven Duft verströmt, ist z. B. für Herbstanemonen ein idealer Nachbar.

***Cimicifuga ramosa var. cordifolia* 'Blickfang'** entwickelt kathedralenhaft aufgebaute, 30–60 cm lange weiße Blütenrispen im Juli/August. Die auch als Lanzen-Silberkerze bezeichnete Sorte hat handförmige Einzelblätter mit herzförmig zugespitzten Lappen und relativ dunklen Trieben. Sie sät sich gern aus, ohne dabei lästig zu werden.

***Cimicifuga simplex* 'Brunette'**, die Oktober-Silberkerze, wartet mit dunklem, schwarzroten Laub und rotvioletten Stängeln auf. Beim Kauf sollte man darauf achten, dass die Pflanzen aus Gewebekultur stammen. Aus Sämlingen vermehrte Pflanzen variieren sehr und verlieren oft die schöne dunkle Blattfärbung. Es ist eine der wichtigsten Neuzüchtungen im Schattenreich.

STECKBRIEF:

- Bis zu 2,00 m
- Halbschattig
- Weiß-rosig

Unübersehbar: die schöne Blattfärbung der Silberkerze **'Brunette'** (rechts), hier zusammen mit Waldschmielen gepflanzt.

Ein guter Nachbar für das wintergrüne *Epimedium* 'Frohnleiten' ist gelbgrünes Japangras.

STECKBRIEF:

- Bis zu 0,40 m
- Sonnig-halbschattig
- Weiß-gelb-orange-rot-rosa-lila

EPIMEDIUM – ELFENBLUME

Für den Schattenbereich sind die Elfenblumen ganz wichtige Blattschmuckstauden. Hinter dem zart klingenden Namen Elfenblume verbergen sich robuste Schattenpflanzen, die mit Wurzeldruck gut umgehen können und als wintergrüne Bodendecker eigentlich nur Freude bereiten. Dabei ist die Sortenwahl von großer Bedeutung, da einige neue Sorten wortwörtlich Elfen sind und mehr Aufmerksamkeit in der Pflege durch ihre zum Teil spektakulären Blüten erfordern.

Anfang März sollten alle Elfenblumen stark zurückgeschnitten werden, damit sich die Blüten gut sichtbar entwickeln können. Wer den Rückschnitt verpasst, und diese Situation sieht man des Öfteren, bringt sich um den schönen Flor, da sich die Blüten im alten Laub verstecken. Außerdem mindert die Kombination von altem und neuem Laub den Zierwert der Pflanze. Für den Rückschnitt haben sich Heckenscheren bewährt.

Die schönen Blüten sind übrigens ein toller Vasenschmuck.

Keine Fehler macht man, wenn die Entscheidung für ***E. perralchicum*** **'Frohnleiten'** ausfällt. Die vor der Laubentwicklung gelb blühende Sorte hat eine interessante Blattzeichnung, die sich im Laufe der Vegetationsperiode noch steigert und dann im winterlichen Garten brilliert.

Die Schwarzmeer-Elfenblume ***E. pinnatum ssp. colchicum*** habe ich durch einige Umzüge bedingt von Garten zu Garten mitgenommen. Durch ihre Robustheit hat die Ausläufer bildende Pflanze sich immer gut wieder etabliert. Diese wintergrüne Sorte mit gelben Blüten hat bei richtiger Standortwahl im Halbschatten und Schatten nur Vorzüge, wenn man wie bei allen Elfenblumen den Boden für diese langlebigen Stauden gut vorbereitet und verbessert. Im Frühjahr empfiehlt sich – gerade bei unter Wurzeldruck wachsenden Pflanzen – ein Auftrag mit humosem Substrat.

Die robuste hellorange blühende Sorte ***E. warleyense*** **'Orangekönigin'** wollen wir noch als wintergrüne Sorte mit prachtvollen Blüten empfehlen.

FARNE

Im Wappen der Menschheit müsste ein Farnwedel sein, gekreuzt mit einem Gräserhalm, hatte der passionierte Staudengärtner Karl Foerster angeregt. Tatsächlich haben sich die Gartenfarne mit ihren zum großen Teil winter- bzw. immergrünen Wuchsformen und schönen Blattstrukturen einen festen Platz im Schattengarten gesichert. Auch als Schnittgrün sind sie begehrt und überzeugend.

Die wintergrünen Polystichum-Arten sind uns besonders ans Herz gewachsen. ***P. setiferum*** **'Plumosum Densum'**, der Flaumfederfarn, ist ein Juwel und dazu noch robust sowie einfach zu kultivieren. Im Frühjahr werden die alten Wedel bei Austrieb zurückgeschnitten. Es wird empfohlen, die Farne mit Hornspänen zu düngen.

Dryopteris erythrosora, der japanische Rotschleierfarn, ist im Austrieb rötlich braun und vergrünt später. Er ist ein ganz besonderer Schatz! Leichter Winterschutz ist vorteilhaft. Im humosen Boden, in halbschattiger Lage fühlt er sich wohl.

Der Königsfarn ***Osmunda regalis*** macht seinem Namen alle Ehre. Auch in sonnigeren Lagen bei frischem Boden entwickelt er stattliche Farnbüsche mit toller Herbstfärbung und einer Größe bis zu 150 cm. Holen Sie sich diesen schönen Farn in den Garten und Sie werden es nicht bereuen.

Phyllitis scolopendrium, der Hirschzungenfarn, liebt kalkhaltige, feuchte Partien im Schatten und lässt sich auch unter Gehölzen gut anpflanzen. Die Sorte **'Undulata'** hat stark gewellte Wedel. Ein sehr schöner und einfach zu kultivierender wintergrüner Farn mit ca. 40 cm Höhe.

STECKBRIEF:

- Bis zu 1,50 m
- sonnig-halbschattig
- Farne bilden keine Blüten.

Hirschzungenfarn (o.), Rotschleierfarn (r.) und Flaumfederfarn (l.)

HELIANTHUS SALICIFOLIUS – PAPYRUS-SONNENBLUME

Die prächtige Solitärstaude, die eine Höhe von bis zu 2,50 m erreichen kann und deren Blüten im September zu der Gesamterscheinung der Pflanze eher unscheinbar sind, ist ganz auf Blattwirkung bedacht. Auch als Weidenblättrige Sonnenblume bezeichnet, schmückt sich die Pflanze mit zahlreichen schmalen, bis zu 20 cm langen Blättern und entwickelt einen ornamentalen Wuchs.

Auf sonnigen Standorten mit nahrhaftem, durchlässigen Boden fühlen sich die Stauden wohl. Im Spätsommer legen sich die Triebe an der Basis oft nieder und entwickeln ein malerisches Bild, das sich auch im blattlosen Zustand im Winter fortsetzt. Am Wasserrand ist ***Helianthus salicifolius*** sowohl in kleineren als auch in größeren Gärten sehr empfehlenswert.

STECKBRIEF:

- Bis zu 2,50 m
- Sonnig
- Gelb

Die Weidenblättrige Sonnenblume besticht mit ihren ganz speziellen Blättern.

: Höhe, : Standort, : Blütenfarbe

STECKBRIEF:

- Bis zu 0,60 m
- Sonnig-halbschattig
- Weiß-beige

Die zarten Blütenrispen der Purpurglöckchen passen sehr gut zu den transparenten Waldschmielen.

HEUCHERA – PURPURGLÖCKCHEN

Erfolgreiche züchterische Arbeit hat aus den verschlafenen Purpurglöckchen von einst faszinierende Blattschmuckstauden gemacht, die sehr vielseitig im Garten eingesetzt werden können. Ihre intensive Blattfärbung in den unterschiedlichsten Farbtönen macht sie sehr präsent und erfordert ein sensibles Gespür für die Wahl ihrer Nachbarn.

In Kübel gepflanzt gibt es auf Terrassen, an Hauseingängen und anderen Plätzen keine Einschränkungen in ihrer Verwendung. Hier können z. B. Gräser wie die Neuseelandsegge willkommene Partner sein und die Wirkung noch steigern. Durch das immergrüne Verhalten zieren sie auch im Winter.

Am besten gedeihen die Purpurglöckchen im lichten Halbschatten, pralle Mittagssonne verursacht oft unschöne Blattflecken. Bei Rückschnitt der verblühten Blütenstiele schieben die Pflanzen immer wieder neue Blüten. Wird der Rückschnitt vernachlässigt, bilden sie jedoch nur noch einige wenige Blüten.

Als Schnittblumen halten sie ca. 2 Wochen, die Blätter sind in Gestecken länger haltbar.

Mit Sortenempfehlungen tun wir uns schwer, da bei der Vielfalt des Angebotes der eigene Geschmack und die Verwendungsmöglichkeit entscheiden sollten. Die weißblühende ***H. micrantha*** **'Palace Purple Auslese'** mit dem markanten rotbraunen Blattwerk begeistert uns jedoch immer wieder.

Hosta 'Sum und Substance'

Blaue Riesenfunkie

HOSTA - FUNKIEN

Zur absoluten Nr. 1 unter den Blattschmuckstauden haben sich die Hostas entwickelt und einen Platz erobert, der ihnen wahrscheinlich nicht mehr streitig gemacht werden kann. Die Züchtung macht Jahr für Jahr solch gewaltige Fortschritte, dass eingefleischten Gartenliebhabern buchstäblich der Atem stockt. Der „MDR-Garten" hat mit vielen Sendungen dazu beigetragen, die Verbreitung dieser großartigen Pflanzengattung zu fördern und hat zahlreiche Beispiele für ihre Verwendung aufgezeigt.

Hostas können sehr alt werden und sogar den Pflanzer überleben. Das erfordert natürlich eine gute Pflege, sprich Düngung im Frühjahr einschließlich Substratverbesserung um die Pflanze, und die Wahl eines zusagenden Standortes im Halbschatten.

Auch in Kübeln machen Hostas eine sehr gute Figur und setzen z. B. an schattigen Hauseingängen tolle Akzente. Die Blätter sind ein hervorragender Vasenschmuck und halten mindestens 14 Tage.

Die Blüten sind nicht so spektakulär, aber essbar und zum Verzieren von Salaten immer willkommen. Wir empfehlen, die Blütenstengel vor dem kompletten Aufblühen an der Basis abzuschneiden, da herunterfallende Blüten oft an den Blättern kleben bleiben und die Schmuckwirkung der Blätter mindern.

Neben den vielen Vorzügen haben Hostas besonders zwei Probleme: Hagelschlag und Schnecken. Durch Hagelschauer – gerade in den Monaten Mai/Juni, wenn die Blätter noch nicht ausgereift sind – können die Pflanzen regelrecht skelettiert werden. Dann hilft nur radikaler Rückschnitt.
Beim Thema Schnecken entzünden sich immer wieder die Gemüter am Beispiel der Hostas und es gilt hier wirklich, mit komplexen Maßnahmen gegenzusteuern. Tipps haben wir für Sie in Kapitel 11, Seite 102 zusammengestellt.

Auch bei den Hostas gilt das alte Foersterwort: „Die Sorte ist das Schicksal deines Gartens". Wir stellen hier nur eine kleine Auswahl von Sorten vor, die es aber in sich hat.

Mit **'June'** ist dem Züchter ein ganz großer „Wurf" gelungen: In der Blattmitte grüngelb gestreift mit

: Höhe, : Standort, : Blütenfarbe

Hosta **'June'**, in Kombination mit weißgrünem Japangras

Hosta **'El Nino'**

einem schönen stahlblauen, unregelmäßigen Rand. Eine aufregende Farbkomposition, die so im Garten platziert werden sollte, dass man sie immer bestaunen und sie immer für Aufmerksamkeit sorgen kann. **'June'** ist zudem auch eine exzellente Kübelpflanze.

'Sum and Substance' brilliert mit ca. 1 m hohen Blattschöpfen und ist mit gelbgrünen und glänzenden großen Blättern ein Gigant unter den Hostas. Diese Hosta sollte in keinem Garten fehlen.

Von der Größe noch übertroffen wird die eben genannte Sorte von **'Green Acre'**. Beim Anblick der riesengroßen, schmal-herzförmigen, grünen Blätter mit ausgeprägter Blattnervatur haben Gartenbesucher schon mal nachgefragt, ob diese Pflanzen gentechnisch verändert wurden.

Eine sehr auffällige Hosta-Sorte ist **'Orange Marmelade'**, die im Garten viele Blicke auf sich zieht und deren Sortenname häufig von Gartenbesuchern nachgefragt wird. Die gelborange Blattfärbung wird von einem blaugrünen Rand umgeben. Es ist eine von den Sorten, die auf Gärtnerbörsen wegen der besonderen Färbung erworben werden.

'El Nino' ist eine ca. 25 cm hohe, blaubereifte Hosta mit weißem Rand. Neben dem ausgefallenen Blattschmuck hat sie noch einen weiteren Vorteil: Wenn alle Hostas im Herbst gelb färben, behält **'El Nino'** noch 2 bis 3 Wochen ihre ursprüngliche Laubfärbung. Sie ist sozusagen ein „Herbstspezial".

STECKBRIEF:

- Von 5 cm bis zu ca. 1,20 m
- Halbschattig
- Äußerst vielfältig, je nach Sorte

PODOPHYLLUM – MAIAPFEL

Podophyllum 'Spotty Dotty'

Der Maiapfel ist eine ausgezeichnete Blattschmuck-Waldstaude, mit auffälligen Blattfärbungen und im Austrieb bronzefarbenen und später vergrünenden Blättern. Diese sind rundlich und grob gezähnt und weisen bis zu fünf Lappen an ca. 30 – 40 cm hohen Stielen auf. Unter dem Laub entwickeln sich rote, eiförmige Früchte.

Leider ist der Maiapfel bisher kaum verbreitet, scheint aber im Vormarsch zu sein, zumal er schon oft in den Angeboten der Gartencenter gesichtet wurde.
Wichtig für gutes Gedeihen ist die Wahl eines halbschattigen und feuchten Standortes. Mit der Zeit werden schöne, horstige Bestände gebildet. Es lohnt sich, mehrere Pflanzen im Abstand von ca. 40 cm zu setzen, da dann eindrucksvolle Gruppen entstehen können.

Die Art ***P. hexandrum*** sei hier empfohlen. Es ist eine in unseren Gärten zuverlässige Art mit rosaroten Blüten und einer guten Verzweigung.

STECKBRIEF:

- Bis zu ca. 0,50
- Halbschattig
- Rot-rosa

RODGERSIA – SCHAUBLATT

Wuchtige Blattschönheiten sind die Schaublattarten.

Im Halbschatten, bei tiefgründigen, frischen und nährstoffreichen Gartenböden werden Rodgersien zu Blattschmuckriesen. Nicht wegen ihrer Höhe, die bei etwa einem Meter endet, sondern des Gesamteindruckes wegen. Etwas Geduld ist allerdings gefragt, da die Rodgersien erst nach ca. 3 Jahren Anlaufzeit so richtig loslegen.

Aufgepasst bei der Standortwahl: Bei direkter Sonneneinstrahlung gibt es Verbrennungsschäden, vor allem in Süd- und Westlagen.

STECKBRIEF:

- Bis zu 1,20 m
- Halbschattig
- Weiß-beige-rosa

: Höhe, : Standort, : Blütenfarbe

Auch die Blüten sind auffällig und ein echter Schmuck.

Die dekorativen Blüten stehen in weiß und rosa über dem Laub und sind durch ihre Größe und die Verzweigungen ein schöner Schmuck für die Pflanze.

Das kastanienblättrige Schaublatt ***R. aesculifolia*** kommt aus den feuchten Wäldern Nordchinas zu uns und ist wohl die am meisten verbreitete Sorte.

***R. podophylla* 'Pagode'** ist durch den bronzefarbenen Blattaustrieb, die attraktive Herbstfärbung und den besonders schönen Blütenstand zu empfehlen.

STACHYS - WOLLZIEST

Toll wirken Wollziest und niedriges Federgras zusammen.

Die auch als Esel- oder Hasenohr bezeichnete Pflanze zeichnet sich durch ihre weichen, wollfilzigen Blätter aus, die eine wahre Augenweide sind. Nährstoffarme, sandige Böden werden bevorzugt, dort bildet der Wollziest schnell Ableger.

Nasskalte Winter nehmen diese Pflanzen übel und man muss sie dann im Frühjahr gut ausputzen. Oft reicht es, wenn man mit einem Rasenbesen braune und abgestorbene Pflanzenteile entfernt. Mit der Schere wird dann etwas nachgeschnitten. Der übliche Blaukorndünger lässt die Pflanzen sich schnell erholen.

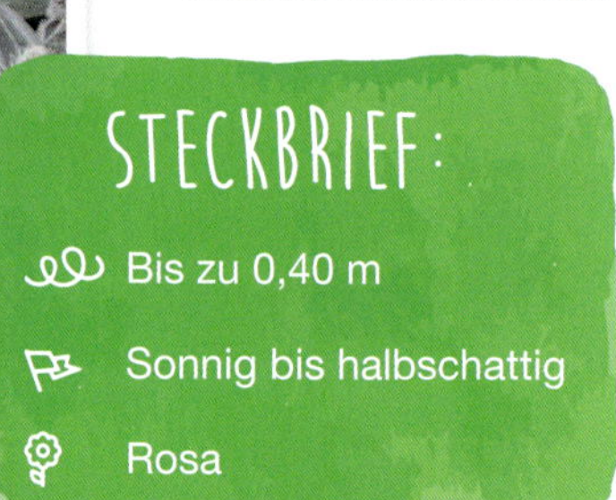

Vom Wollziest empfehlen wir vor allem die Sorte **'Cotton Boll'** mit wesentlich größeren Blättern als andere dieser Art und zwar weniger, dafür aber sehr schönen Blüten.

: Höhe, : Standort, : Blütenfarbe

STECKBRIEFE FÜR GRÄSER UND BLATTSCHMUCKSTAUDEN

GRÄSER

Botanischer Name	Deutscher Name	Sorte	Höhe x Breite cm	Standort	Verwendungs-/ Kulturhinweise
Arundo donax	Pfahlrohr	Variegata	350 x 100	sonnig	leichte Laubschütte als Winterschutz
Calamagrostis acutiflora	Gartenreitgras	Karl Foerster	120 x 60	sonnig	aufrechter Wuchs
Calamagrostis acutiflora	Gartenreitgras	Overdamm	120 x 40	sonnig	weißgrün gestreifte Blätter
Calamagrostis brachytricha	Diamantgras		100 x 60	halbschattig	früh austreibend
Carex buchananii	fuchsrote Segge		40 x 15	sonnig	gegen Winter-feuchtigkeit schützen
Carex conica	japanische Segge	Snowline	15 x 20	halbschattig	schöne Kübelpflanze
Carex montana	Bergsegge		15 x 20	sonnig	für Böschungen geeignet
Carex morrowii	Japansegge	Icedance	40 x 30	schattig	immergrüner Bodenbegrüner
Carex muskin-gumensis	Palmwedelsegge		60 x 40	halbschattig	bevorzugt frischen Boden
Chasmanthium latifolium	Plattährengras		90 x 50	halbschattig	schöner Blüten-schmuck
Cortaderia selloana	Pampasgras	Silver	250 x 150	sonnig	schöne Solitärpflanze
Cortaderia selloana	Pampasgras	Pumila	120 x 120	sonnig	kompakter Wuchs
Deschampsia caespitosa	Waldschmiele	Goldschleier	120 x 60	halbschattig	transparente Schleierwirkung
Fargesia murielae	Gartenbambus	Flamingo	300 x 100	halbschattig	Rhizomensperre nicht erforderlich
Fargesia murielae	Gartenbambus	Fontäne	300 x 100	halbschattig	Rhizomensperre nicht erforderlich
Festuca gautieri	Bärenfellschwingel	Pic Carlit	20 x 30	schattig	verträgt Wurzeldruck
Festuca glauca	Blauschwingel	Azurit	20 x 20	sonnig	öfters Teilen
Festuca mairei	Atlasschwingel		100 x 60	sonnig	trockenheitsverträglich

GRÄSER Fortsetzung

Botanischer Name	Deutscher Name	Sorte	Höhe x Breite cm	Standort	Verwendungs-/ Kulturhinweise
Hakonechloa macra	Japan-Waldgras	Aureola Albostriata	40 x 40	halbschattig	gute Kübelpflanze gelbgrün gestreifte Blätter
Helictotrichon sempervirens	Blaustrahlhafer	Saphirsprudel	100 x 40	sonnig	liebt warmen, kalkreichen Boden
Imperata cylindrica	Japanisches Blutgras	Red Baron	50 x 30	sonnig	schöne Rotfärbung
Luzula nivea	Schneemarbel	Aurea	50 x 20 60 x 30	halbschattig schattig	schöne Blüte gelbe Blattränder
Luzula sylvatica	Waldmarbel	Tauernpass	60 x 30	schattig	robuste Sorte
Millium effusum	Goldflattergras	Aureum	50 x 30	halbschattig	viele Sämlinge
Miscanthus x giganteus	Riesen-Chinaschilf		350 x 200	sonnig	für große Gärten geeignet
Miscanthus sinensis	Chinaschilf	Gracillimus	180 x 100	sonnig	elegante Erscheinung
Miscanthus sinensis	Chinaschilf	Morning Light	160 x 80	sonnig	besonders wirkungsvoll in der Morgensonne
Miscanthus sinensis	Chinaschilf	Kleine Fontäne Malepartus	120 x 60 200 x 150	sonnig sonnig	ideal für kleine Gärten rotsilbrige Blüten an roten Stielen
Miscanthus sinensis	Chinaschilf	Silberfeder	200 x 150	sonnig	silbrig glänzende Blüten
Miscanthus sinensis	Stachelschwein-gras	Strictus Karl Foerster Transparent	170 x 150 200 x 70 200 x 70	sonnig sonnig sonnig	grüngelb gestreifte Blätter schöne Solitärpflanze, Herbstfärbung, Winterwirkung
Molinia caerulea	Pfeifengras	Windspiel	200 x 70	sonnig	
Ophiopogon planiscapus	Schlangenbart	Nigrescens	20 x 10	halbschattig	schwarzblättrig
Panicum virgatum	Hirse	Fontäne Cloud Nine Heavy Metal	60 x 40 180 x 80 120 x 50	sonnig sonnig sonnig	einjährig, zum Schnitt gut geeignet Solitär straffer Wuchs

Botanischer Name	Deutscher Name	Sorte	Höhe x Breite cm	Standort	Verwendungs-/ Kulturhinweise
Panicum virgatum	Rutenhirse	Shenandoah	100 x 60	sonnig	schöne Herbstfärbung
Pennisetum alopecuroides	Lampenputzergras	Compressum	100 x 60	sonnig	robuste Sorte
Pennisetum alopecuroides	Lampenputzergras	Hameln	60 x 60	sonnig	niedrige Sorte, frühe Blüte, einjährig, rotlaubig
Pennisetum glaucum	Lampenputzergras	Purple Majesty	100 x 30	sonnig	schwarzbraune Blütenstände
Pennisetum setaceum	Lampenputzergras		100 x 30	sonnig	einjährig, grünlaubig
Pennisetum setaceum	Lampenputzergras	Rubrum	70 x 50	sonnig	gute Kübelpflanze
Pennisetum villosum	Wolliges Lampen-putzergras		60 x 50	sonnig	einjährig, „Wolkenpflanze“
Phyllostachys aureosulcata	Bambus		500 x 200	sonnig – halb-schattig	Rhizomensperre erforderlich
Phyllostachys bissettii	Bissett-Bambus		500 x 200	sonnig – halb-schattig	Rhizomensperre erforderlich
Sesleria autumnalis	Kopfgras		30 x 30	sonnig – halb-schattig	grüngelbe Gräserhalme
Spartina pectinata	Goldband-leistengras	Aureo-marginata	150 x 100	sonnig	schöner Halmwurf
Spodiopogon sibiricus	Sibirisches Zottenrauhgras		150 x 60	sonnig	schilfartiger Wuchs
Sporobulus heterolepsis	Tautropfengras	Cloud	50 x 30	sonnig	leicht duftende Schleierblüten
Stipa barbata	Federgras		80 x 30	sonnig	schöne Blütenwindspiele
Stipa gigantea	Riesenfedergras		180 x 50	sonnig	wärmeliebend, Solitärgras
Stipa tenuissima	Zartes Federgras		50 x 30	sonnig	versamungsfreudig

BLATTSCHMUCKSTAUDEN

Botanischer Name	Deutscher Name	Sorte	Höhe x Breite cm	Standort	Verwendungs-/ Kulturhinweise
Astilboides tabularis	Tafelblatt		80 x 60	halbschattig	tropisch wirkende Blattbüsche
Bergenia x Hybride	Bergenie	Admiral	40 x 30	halbschattig	Rotfärbung im Herbst/Winter
Bergenia x Hybride	Bergenie	Monte Rosa	50 x 30	halbschattig	braunrote Winterfärbung
Bergenia x Hybride	Bergenie	Oeschberg	50 x 30	halbschattig	gute Winterhärte
Bergenia x Hybride	Bergenie	Schneekönigin	30 x 20	halbschattig	schönes Laub
Cimicifuga ramosa	Silberkerze	Atropurpurea	180 x 60	halbschattig	rotes Laub, im Laufe der Saison vergrünend
Cimicifuga ramosa var. cordifolia	Lanzen-Silberkerze		180 x 60	halbschattig	kathedralenhafter Aufbau
Cimicifuga simplex	Oktober-Silber-kerze	Brunette	150 x 80	halbschattig	schwarzrotes Laub
Dryopteris erythrosora	Rotschleierfarn		40 x 40	halbschattig	rötlichbrauner Austrieb
Epimedium x perralchicum	Elfenblume	Frohnleiten	30 x 20	schattig	schönes Winterlaub
Epimedium pinnatum	Schwarzmeer-Elfenblume	ssp.colchicum	35 x 20	halbschattig schattig	robuste schöne Art
Epimedium x warleyense	Elfenblume	Orangen-königin	30 x 20	halbschattig schattig	farbenprächtige Blüten
Helianthus salicifolius	Papyrus-Sonnenblume		250 x 180	sonnig	ornamentale Staude
Heuchera micrantha	Purpurglöckchen	Palace Purple Auslese	50 x 30	sonnig – halb-schattig	rotbraune Blattfärbung
Hosta Hybride	Funkie	El Nino	30 x 30	halbschattig	14 Tage längere Blattwirkung
Hosta Hybride	Funkie	Green Acre	100 x 60	halbschattig	riesige Blätter

Botanischer Name	Deutscher Name	Sorte	Höhe x Breite cm	Standort	Verwendungs-/ Kulturhinweise
Hosta Hybride	Funkie	June	40 x 30	halbschattig	besondere Blattfärbung
Hosta Hybride	Funkie	Orange Marmelade	40 x 40	halbschattig	gelborange Blattfärbung
Hosta Hybride	Funkie	Substance	100 x 60	halbschattig	gelbgrüne glänzende Blätter
Osmunda regalis	Königsfarn		80x150	sonnig – halbschattig	stattliches Farn, auch Solitär
Phyllitis scolopendrium	Hirschzungenfarn	Undulata	30 x 40	halbschattig	kalkliebend
Podophyllum hexandrum	Maiapfel		40 x 30	halbschattig	rosarote Blüte, gute Verzweigung
Polystichum setiferum	Flaumfederfarn	Plumosum Densum	40 x 50	halbschattig	schöne wintergrüne Wedel
Rodgersia aesculifolia	Kastanienblättriges Schaublatt		100 x 60	halbschattig	keine direkte Sonneneinstrahlung
Rodgersia podophylla	Bronze- Schaublatt	Pagode	120 x 80	halbschattig	dunkelrote Herbstfärbung
Stachys byzantina	Wollziest	Cotton Boll	40 x 30	sonnig	große wollfilzige Blätter

Im öffentlichen Grün hat die Verwendung von einjährigen Ziergräsern wie ***Pennisetum s.*** **'Rubrum'** zugenommen.

„Die sprichwörtliche Schlichtheit vieler Gräser steigert Blütenfarben. Dabei machen Farben – ob Blau, Grün, Grau, Rot gespritzt oder weiß gestreift – auch vor Gräsern nicht Halt und verlangen nach entsprechender Nachbarschaft."

Prof. Wolfgang Borchardt

EINJÄHRIGE ZIERGRÄSER

Bereits im Mai, wenn die zahlreichen Blumenmärkte allerorts Gartenfreunde anlocken, brillieren die einjährigen Ziergräser mit ihrer Farben- und Formenvielfalt und laden zum Kauf ein. Dank neuerer Züchtungen haben besonders die Lampenputzgräser durch ihre Blattfärbungen riesige Fortschritte gemacht und empfehlen sich für sommer- und herbstliche Arrangements. Ob im Kübel oder als Partner im Wechselflor – sie machen immer eine gute Figur und sorgen für stimmungsvolle Pflanzenerlebnisse.

Die Schnitteignung der meisten einjährigen Ziergräser schätzen Floristen besonders. Sommer- und Herbststräuße profitieren von guter Haltbarkeit und dem auflockernden Charakter der Gräser.

Nur in sehr warmen Regionen Deutschlands überstehen einige einjährige Ziergräser den Winter. Man sollte sich mit dem Gedanken vertraut machen, jedes Jahr im Mai bereits gut entwickelte Gräser zu erwerben, da sie bereits vom Kauf an im Garten Wirkung zeigen.

Nachteilig können sich einige Gräser durch Selbstaussaat vermehren, d. h. im darauf folgenden Jahr können sich Unmengen von Sämlingen bilden, mit denen man erst mal fertig werden muss.

Alle Lampenputzergräser benötigen einen sonnigen Standort mit guter Wasser- und Nährstoffversorgung.

Geschickt kombiniert wird die Wirkung von ***Pennisetum* 'Purple Majesty'** noch gesteigert.

Einige Pennisetum-Sorten bestechen mit weiß -gestreiften Blättern.

UNSERE SORTENEMPFEHLUNGEN:

Pennisetum setaceum* 'Rubrum'** und ***P. setaceum
Diese beiden Sorten unterscheiden sich nur durch die Blattfärbungen. Besonders an der rotlaubigen Form kann ich im Gartenmarkt nie vorbeigehen, da die Pflanze in der Nähe eines rotlaubigen Perückenstrauches ihren Stammplatz in unserem Garten hat – eine Ton-in-Ton-Pflanzung mit erstaunlicher Wirkung.
Die beiden Lampenputzergräser überzeugen mit einer Blütezeit von Juli bis Oktober und einer Höhe von ca. 70 cm.
Beete mit rotlaubigen Pflanzen sorgen auf Gartenschauen für viel Aufmerksamkeit. So lässt sich ***P. setaceum* 'Rubrum'** gut mit Purpurglöckchen, Schlangenbart und rotlaubigen Sedum kombinieren. Als Kontrast empfehlen sich einige Tuffs mit silbergrauem Laub, z. B. mit der Wollziestsorte **'Cotton Boll'** oder dem Heiligenkraut – ***Santolina chamaecyparissus***. Wenn der Blutholunder mit den fein geschlitzten Blättern dazu gesellt wird, entsteht etwas ganz Besonderes.

***Pennisetum glaucum* 'Purple Majesty'**
Von der Struktur wie Ziermais, jedoch nur bis zu einem Meter hoch, präsentiert sich die Purpur-Perlhirse mit dicken, schwarzbraunen Blütenständen und dumpfen Purpurtönen beim breiten Laub. Dieses exotisch anmutende Gras lässt sich gut mit Cannas, rotlaubigen Dahlien, Sonnenhüten, Spinnenpflanzen, Prachtkerzen und anderen dekorativ wirkenden Pflanzen kombinieren. Im öffentlichen Grün kann man in Frankreich solch wirkungsvolle Pflanzenzusammenstellungen bewundern.

Das wollige Lampenputzergras ***Penn. Villosum*** ist ein Hingucker in Staudenpflanzungen.

Pennisetum villosum

Das wollige Lampenputzergras ist schon länger im Handel und begeistert durch eine Fülle walzenförmiger Blütenähren mit weißsilbrigem Erscheinungsbild. In der Verwendung im Sommerflor ist es eine „Wolkenpflanze", die ihre Wirkung nie verfehlt.

***Panicum virgatum* 'Fontäne'**

Von den Hirsen hat sich besonders diese Sorte sowohl im Sommerblumenbeet als auch als exzellente Schnittblume empfohlen. Das Gras stellt keine besonderen Anforderungen an den Boden, nur ein sonniger Standort sollte gewählt werden. Die Blüten scheinen wie eine Fontäne zu explodieren und sind mit den relativ breiten Blättern der Gräserhalme eine dekorative Erscheinung.

Hordeum jubatum

Die Mähnengerste ist mit den überhängenden Ähren und langen Grannen, die sich anmutig im Wind bewegen, ein Gewinn für jeden Garten. Sie sorgen für zauberhafte Lichtspiele im Sommerblumenbeet, können aber auch Lücken in der Staudenpflanzung schließen. Als Schnitt sind die Gräserhalme besonders bei den Floristen begehrt.

Da Jungpflanzen eher selten angeboten werden, sollte man die Mähnengerste ab März in Innenräumen oder ab Mai im Garten direkt aussäen. Intensive Pflege ist kaum erforderlich. Auch in größeren Kübeln wirken die Pflanzen sehr dekorativ, zumal sie im Winter noch Akzente setzen können.

GRÄSER FÜR DIE KÜBELBEPFLANZUNG

Ob Einjährige oder Staudengräser, viele eignen sich hervorragend für unsere mobilen Gärten in Trögen und Kübeln. Die Gartenmärkte haben so z. B. für die Herbstbepflanzung ein spezielles Pflanzenangebot für Kübel aufgelegt, in dem Gräser eine große Rolle spielen.

Japangras (Mitte) lockert selbst Topfbepflanzungen auf.

Üppige Kombination mit Heuchera, Stipa, Sedum, Ziersalbei und Königskerze.

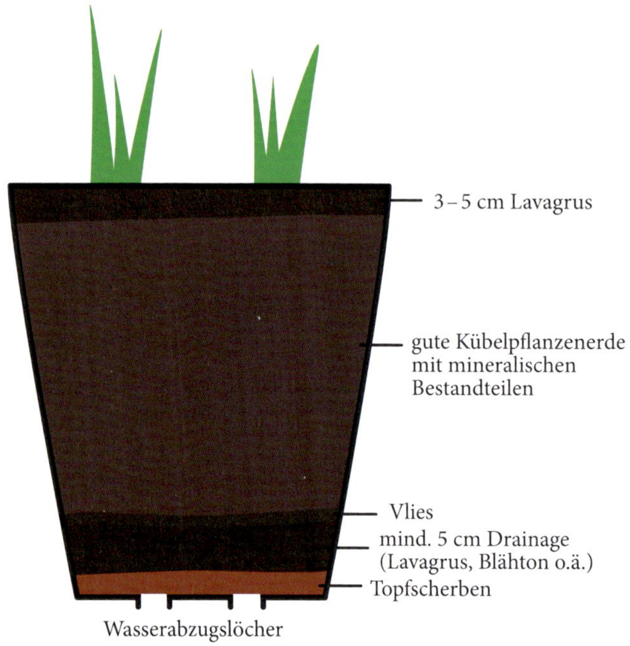

Für die Bepflanzung der Kübel mit Staudengräsern sind winterfeste Keramikgefäße zu empfehlen. Bei der Befüllung dieser Gefäße, ob mit einjährigen oder mehrjährigen Bepflanzungen bestückt, sind einige grundsätzliche Hinweise zu beachten.

Ein Wasserabzugsloch im Gefäßboden ist absolut erforderlich und sollte, wenn nicht vorhanden, nachträglich gebohrt werden. Darüber kommen Topfscherben und je nach Gefäßgröße eine Drainageschicht, die mindestens 5 cm hoch sein sollte. Als

Material haben sich Lavagrus, Blähton und –schiefer bewährt. Alles Materiali-

Niedriges Federgras mit Waldschmielen, Silberkerze 'Brunette' und Gaura

Japanisches Blutgras (Mitte) mit gelbgrüner Süßkartoffel (links), rotblättriger Keulenlilie und verschiedenen Petunien.

en, die kein großes Eigengewicht aufweisen und die Drainagefunktionen hervorragend erfüllen. Ein Stück Vlies darüber gelegt verhindert das Ausspülen der Substrate und demzufolge ein Verstopfen des Wasserabzugsloches.

Als Pflanzsubstrat hat sich eine gute Kübel- oder Balkonpflanzenerde bewährt, mit einem Anteil von ca. 20 % scharfen Sand (kein Spielsand). Auf keinen Fall sollten einfache Blumenerden, die nur zur Verbesserung der Struktur von Freilandkulturen geeignet sind, verwendet werden. Diese sind oft nicht strukturstabil genug und außerdem zu torflastig.

Hier einige Beispiele zur Bepflanzung von Kübeln mit Gräsern:

HALBSCHATTEN - SCHATTEN

Japangras
Hakonechloa macra 'Aureola'

Funkie *Hosta* Hybr. 'June'

Purpurglöckchen
Heuchera 'Palace Purple'

Fuchsie *Fuchsia*-Sorten

SONNE

Lampenputzergras
Pennisetum setaceum 'Rubrum'

Heiligenkraut
Santolina chamaecyparissus

Weinraute
Ruta grav. 'Jackmans Blue'

Currykraut *Helichrysum italicum*

Petunie *Petunia* – dunkelblau

Keulenlilie *Cordyline* – rotblättrig

Blauschwingel *Festuca glauca*

Prachtkerze *Gaura* – weißblütig

Petunie *Petunia* – weiß

Keulenlilie *Cordyline* – rotblättrig

Japanisches Blutgras
Imperata 'Red Baron'

Süßkartoffel *Ipomoea batatas* – grünblättrige Zierform

Petunie *Petunia* – dunkelblau

fuchsrote Segge *Carex buchananii*

GRÄSER FÜR SONDERAUFGABEN

BÖSCHUNGSBEPFLANZUNG

Langweiliger kann es manchmal nicht sein: Cotoneaster, Kriechwacholder, Euonymus, etc. als alleinige Bodenbegrünung auf Böschungen sollten der Vergangenheit angehören. Mit Mischpflanzungen aus Gehölzen, Stauden und Gräsern bieten sich interessante Varianten an, die uns auch den Wechsel der Jahreszeiten erleben lassen. Böschungspflanzen sollten neben dem gestalterischen Aspekt auch Erosionsschäden verhindern. Da bieten sich einige Gräser und Blattschmuckstauden an. Da die meisten Böschungen in der Sonne liegen, beschränken wir uns hier auf Pflanzen für sonnige Standorte. Nach Belieben können verschiedene Allium-Sorten zwischen die Pflanzen gesetzt werden, die als Frühblüher zeitige Akzente setzen.

PFLANZENLISTE FÜR BÖSCHUNG

42 m² (14 x 3 m)

1. Festuca mairei
   15 Stück
2. Euphorbia seguieriana ssp. niciciana
   12 Stück
3. Pennisetum compressum
   9 Stück
4. Stachys byzantina 'Cotton Boll'
   12 Stück
5. Perovskia atriplicifolia
   2 Stück
6. Ceratostigma plumbaginoides
   30 Stück

GRÄSER FÜR BÖSCHUNGEN

- **Atlasschwingel** *Festuca mairei*
- **Blaustrahlhafer** *Helictotrichon sempervirens* 'Saphirsprudel'
- **Bergsegge** *Carex montana*
- **Lampenputzergras** *Pennisetum compressum*
- **Herbstblühendes Kopfgras** *Sesleria autumnalis*
- **Zartes Federgras** *Stipa tenuissima*

BLATTSCHMUCKSTAUDEN FÜR BÖSCHUNGEN

- **Bleiwurz** *Ceratostigma plumbaginoides*
- **Heiligenkraut** *Santolina chamaecyparissus*
- **Steppenwolfsmilch** *Euphorbia seguieriana ssp. niciciana*
- **Wollziest** *Stachys byzantina* 'Cotton Boll'

7. Panicum 'Heavy Metal'
9 Stück

8. Aster pyrenaeus 'Lutetia'
9 Stück

9. Lavandula angustifolia 'Hidcote Blue'
42 Stück

Ebenso wie Bambus eignet sich auch Miscanthus als Heckenpflanze.

SICHTSCHUTZ

Ideal als Sichtschutzhecken ist natürlich Bambus als immergrünes Gras. Hier seien besonders die Fargesia-Sorten **'Flamingo'** und **'Fontäne'** genannt, die keine Rhizomsperre benötigen.

Alle anderen hohen Gräserarten müssen ja im Frühjahr erst den Rückschnitt über sich ergehen lassen und können die ihnen zugedachte Aufgabe erst ab Juni erfüllen. Die schnell und hoch wachsenden Miscanthus-Arten eignen sich wohl am besten dafür, egal ob es die Sorte **'Silberfeder'**, **'Große Fontäne'**, **'Malepartus'** oder ***Miscanthus giganteus*** ist. Man wird von den Blicken der Nachbarn verschont und kann sein Gartenreich allein genießen. Das sollte aber nicht ausschließen, gute Kontakte zum Nachbarn zu pflegen und ab und an Gartenfeste gemeinsam zu feiern.

KIESBEETE

Das Wetter wird immer unberechenbarer und lässt sich für die nächsten Jahre schlecht voraussagen. Langanhaltende trockene, sommerliche Perioden sind keine Seltenheit und können uns Gartenfreunde vor große Herausforderungen stellen. Kiesgärten bzw. Kiesbeete sind eine gute Alternative, um Pflegeaufwendungen zu senken und den Wasserbedarf einzuschränken.

Natürlich sind hier alle Trockenheits- und Wärmeliebenden Pflanzen gut angesiedelt, da die Kieselsteine durch die Wärmerückstrahlung dieser Pflanzengruppe besonders gerecht werden. Aber auch Blattpflanzen wie Bergenien scheinen sich mit einer ca. 5 cm dicken Kiesschicht gut anzufreunden. Aus gestalterischer Sicht sollte man der Wahl des Kieses Aufmerksamkeit schenken und den vorhandenen Boden vor der Pflanzung tiefgründig lockern und mit scharfem Sand abmagern.

Gräser haben in Kiesbeeten vielleicht eine noch wichtigere Aufgabe als in Staudenrabatten zu erfüllen. Ihre Anspruchslosigkeit und die filigranen Strukturen machen sie zu Hauptdarstellern. Miscanthus-Sorten würde ich den Zugang zu Kiesbeeten eher verwehren. Dafür können hier ***Calamagrostis, Festuca, Pennisetum, Stipa,***

Ein Kiesbeet kann sehr dekorativ sein.

Bergenien können ebenfalls gut zur Gehölzunterpflanzung eingesetzt werden.

Sporobulus u.a. große Auftritte haben. Bergenia und ***Stachys*** sind das Pendant bei den Blattschmuckstauden.

Blumenzwiebeln wie ***Allium*** können Kiesgärten maßgeblich bereichern, wenn sie mit der Bepflanzung abgestimmt werden. Auch Wildtulpen und Kaiserkronen (z.B. ***Fritillaria persica***) empfehlen sich.

Ruhende Kiesflächen sollten in jedem Fall integriert werden, damit die Pflanzbereiche besser zur Geltung kommen.

GEHÖLZUNTER-PFLANZUNG

Die Auswahl von Gräsern und Blattschmuckstauden, die zur Gehölzunterpflanzung geeignet sind – also mit Wurzeldruck bis hin zu Baumstammnähe gut zurecht kommen – ist nicht riesengroß. Es gibt aber einige „Helden", die diese schwierige Aufgabe meistern können.

Faszinierend fand ich immer den Bärenfell-Schwingel ***Festuca scoparia***, der unter den flachwurzelnden Birken einen grünen Teppich bildete. Die Japan-Segge ***Carex morrowii* 'Icedance'** hat sich unter einem Zierapfel gut etabliert. Schneemarbel ***Luzula niveae*** wächst im lichten Gehölzschatten, während der Waldmarbel ***Luzula sylvatica*** schon in schattigere Bereiche vordringt.

Von den Blattschmuckstauden sind es die Elfenblumen, wo vor allem ***Epimedium colchicum*** und die Sorte **'Frohnleiten'** bis an die Baumstämme vorrückt. In unserem Garten hat es ***Epimedium* 'Frohnleiten'** bis an einen dicken Fichtenstamm gebracht.

Farne wie das Schildfarn ***Polystychum setiferum* 'Plumosum Densum'** mischen hier fleißig mit. Verschiedene ***Hostas*** kann man auch in Stammnähe bzw. unter Gehölze pflanzen. Für gelegentliche Wassergaben sind sie jedoch dankbar. Dazu kann man gut Stauden, wie das Immergrün ***Vinca minor*** und die Golderdbeere ***Waldsteinia ternata*** gesellen.

'Wolverine'
M 6,-

PFLEGE UND VERMEHRUNG

Wenn die Gräser auch unter der Rubrik „Pflegeleicht“ geführt werden können, so ist ein Mindestmaß an Pflege notwendig, um sie ins rechte Licht zu rücken und ihre Schönheit auf Dauer zu erhalten.

Der Rückschnitt im zeitigen Frühjahr sollte möglichst bodennah erfolgen.

Rückschnitt

Die arbeitsaufwendigste Pflegemaßnahme ist sicherlich der Rückschnitt im Frühjahr, der gerade bei älteren, hohen Gräsern Arbeitsleistung und Zeit beansprucht. Alle hohen Gräser sollten bis spätestens Ende März möglichst bodennah, mindestens so tief wie möglich, zurückgeschnitten werden, damit die alten Halme den Neuaustrieb nicht behindern.

Da einige Gräser wie ***Miscanthus*** schlecht zu kompostieren sind, empfiehlt es sich, die Stängel zu häckseln und dann erst dem Kompost zuzuführen. Ansonsten bieten sich die örtlichen Deponien zu oft kostenloser Entsorgung an.

Auch das **Lampenputzergras** sollte im Frühjahr auf ca. 5 cm zurückgeschnitten werden, damit es wieder kraftvoll durchtreiben kann.

Bei den **Seslerien,** den Kopfgräsern, schneidet man zum Beispiel ***S. heuffeliana*** deutlich zurück, damit die frühe Blüte sich gut entwickeln kann und schön zur Geltung kommt. Das spät im Sommer blühende S. autumnalis wird ausgeputzt und gegebenenfalls bis auf 50 % zurückgeschnitten.

Festuca, die Blauschwingel, sehen nach überstandenem Winter oft nicht gut aus und sollten entweder stark ausgeputzt oder geteilt werden.

Der kniehohe **Atlasschwingel** wird ausgeharkt und leicht zurückgeschnitten, damit er wieder eine gute Figur im Gräser- oder Staudengarten macht.

Bei ***Hakonechloa,*** dem Japangras, reicht ein Aufnehmen der gelben Halme von Hand.

Beim **Japanischen Blutgras** geht der Rückschnitt bequem mit der Heckenschere.

Die ***Deschampsia,*** die Waldschmielen, sind bekannt für reiches Versamen und sollten daher nach dem Vergilben der Blütenstände zurückgeschnitten werden.

Alle **immergrünen Gräser** werden durchgeputzt, das heißt alles Abgestorbene wird entfernt. Ein genereller Rückschnitt ist nur nach strengen Wintern erforderlich.

Bambus nimmt auch bei der Pflege eine Sonderrolle ein. In sehr strengen Wintern ist es möglich, dass trotz Winterschutz die in diesem Buch beschriebenen Arten nicht mehr austreiben. Dann ist ein radikaler Rückschnitt notwendig. Geduld ist jedoch zunächst vor einer solch eingreifenden Maßnahme gefragt, da es durchaus möglich sein kann, dass einige Bambusarten relativ spät, das heißt erst ab Juni wieder grüne Blattspitzen entwickeln.

Gerade bei den hohen Bambusarten hinterlässt ein kompletter Rückschnitt Spuren und es kann einige Jahre dauern, bis die Pflanze sich wieder in voller Schönheit zeigt.

Wie bei immergrünen Gehölzen ist es auch bei Bambus von großer Bedeutung, vor dem Winter und bei

Bodenvorbereitung

Eine gründliche Bodenvorbereitung ist wie bei allen langlebigen Staudenarten notwendig, sollte aber auf die Bedürfnisse der jeweiligen Art abgestimmt werden. Wie Lavendel versagen so Blauschwingel und Federgräser, wenn sie in fette, nährstoffreiche Gartenböden gepflanzt werden. Mit scharfem Sand kann der Boden dann entsprechend abgemagert werden.

Die Wurzelbildung wird durch Anritzen des Wurzelballens angeregt.

frostfreien Tagen im Winter zu wässern, da die Pflanzen ständig Wasser verbrauchen. Eine dicke Mulch- oder Laubschicht ist vorteilhaft, damit der Frost nicht ungehindert in den Wurzelbereich vordringen kann.

Pflanzung

Zeitpunkt: Die beste Pflanzzeit für Gräser sind zweifelsohne die Frühjahrsmonate. Dann haben sie genügend Zeit anzuwachsen, um dem ersten Winter zu trotzen. Die Topf- und Containerkulturen lassen natürlich eine Pflanzung während der gesamten Vegetationsperiode zu, wenn in den Sommermonaten eine gelegentliche Bewässerung gewährleistet werden kann. Zu späte Pflanzung, zum Beispiel ab Oktober, nehmen vor allem Bambus und *Pennisetum* übel.

Das Pflanzloch ist so tief, dass der Wurzelballen komplett in der Erde sitzt.

Tipp: Stellt man beim Austopfen zur Pflanzung einen zu dichten Wurzelfilz fest, wird es notwendig, den Topfballen aufzureißen, um die Wurzelbildung anzuregen. In der Regel genügt ein mehrmaliges Aufschlitzen des Topfballens mithilfe der Pflanzkelle.

Gehölzsämlinge siedeln sich gerne im Wurzelballen der Gräser an. Sie müssen bei Teilung des Grases entfernt werden.

UNKRAUT

Alle Dauerunkräuter sind rigoros zu entfernen, da sonst wesentlich höhere Pflegemaßnahmen in Kauf genommen werden müssen. Sind erst einmal die Ausläufer von Quecke, Giersch und Co. in den Wurzelbereich von Gräsern und Stauden eingedrungen, hilft nur aufwendiges Aufnehmen, Teilen und Auslesen der „Übeltäter". Gerade bei unseren mehrjährigen Kulturen gilt: „Vorbeugen ist besser als Heilen".

VERMEHRUNG

Wenn innerhalb eines Gräserhorstes die Mitte verkahlt und die Pflanzen einen äußeren Ring bilden, ist es Zeit zu handeln. Dann ist es angebracht zum Spaten zu greifen und durch Teilen – möglichst im Frühjahr – den Pflanzen zu einem neuen Wachstumsschub zu verhelfen.

Die Vermehrung von Gräsern und Blattschmuckstauden durch Teilung ist die einfachste und effektivste Art, gerade bei Neuheiten oder überalterten Pflanzen schnell zu einer beachtlichen Pflanzenanzahl zu gelangen. Empfohlen wird oft die Teilstücke erst eine Vegetationsperiode lang in sandig-humoser Erde im Topf zu kultivieren, damit sich erst ein guter Topfballen entwickeln kann. Dann ausgepflanzt legen sie natürlich anders los als Teilpflanzen, die nach dem Teilen sofort in das Staudenbeet gepflanzt werden. Wenn der Boden hier jedoch gut verbessert wurde und kräftige Teilstücke gepflanzt werden, ist diese direkte, nicht so aufwendige Methode nach wie vor zu empfehlen.

Das Teilen von herbstblühendem Kopfgras ist etwa alle 5 Jahre notwendig.

Aussaat sollte den einjährigen Gräsern vorbehalten werden. Sie können in der Regel erfolgreich im Frühjahr direkt an der gewünschten Stelle ausgesät werden.

Bei den vielen Arten z.B. bei den neuen Lampenputzergräsern ist es jedoch angebracht, auf den Blumen- und Gärtnermärkten im Mai Pflanzen mit Topfballen zu kaufen, die schon nach der Pflanzung im Beet Wirkung zeigen.

Pflanzenschutz

Pflanzenschutzmaßnahmen sind bei Gräsern kaum erforderlich und können deshalb vernachlässigt werden. Gelegentlich befallen Blattnematoden die Spitzen des Japanischen Blutgrases, die dann vergilben, was jedoch den Gesamteindruck nur gering beeinflusst.

Ameisen nisten sich gern in Gräserbüsche ein. Scheinbar fühlen sie sich auch in meinem Riesenpfeifengras sehr wohl, da hier die Erde etwa 20 cm im Gräserherz aufgetürmt wurde. Eine Teilung der Pflanze, verbunden mit dem Ausbringen von Streumitteln, kann für Abhilfe sorgen.

Auch Wühlmäuse haben es sich im Riesenschilf gemütlich gemacht. Selbst Hostas konnte ich nach Welkeerscheinungen komplett anheben, da die Nager die Basis komplett durchgefressen hatten. Es gibt mittlerweile gute Fallen, um den gierigen Pelztieren den Garaus zu machen.

Hornspäne haben eine langanhaltende Düngerwirkung. Hostas sind sehr dankbar für eine Gabe im Frühjahr, optimalerweise in Verbindung mit einer Blaukorndüngung.

Düngung

In Sachen Düngung sollte man bei den Gräsern eher zurückhaltend reagieren. Bei den höheren Arten genügt eine einmalige Volldüngergabe nach dem Rückschnitt. Es ist zu empfehlen, die Düngung mit einer 2 cm hohen Substrat- oder Kompostgabe zu verbinden, die sich sehr vorteilhaft auf das Wachstum auswirkt.

Bei den kniehohen und niedrigen Arten ist eine Düngung nicht erforderlich, zumal diese oft aus dem Bereich der Felssteppe oder des Waldbereiches stammen, sodass die Nährstoffversorgung unserer normalen Gartenböden ausreichend ist.

Blattschmuckstauden wie Hostas und Rodgersien sind allerdings dankbar für eine Düngergabe. Hier verbinde ich eine mineralische mit einer organischen Düngung vor dem Blattaustrieb.

PFLEGE UND VERMEHRUNG VON BLATTSCHMUCKSTAUDEN

Völlig problemlos lassen sich ***Hosta*** pflegen und vermehren. Bei zusagendem Standort reduziert sich die Pflege auf die Schneckenbekämpfung, den Rückschnitt im Frühjahr sowie die bereits erwähnte Düngung verbunden mit gelegentlichen Wassergaben.
Ein Teilen kann im Frühjahr, wenn die Hosta etwa 2–3 cm ausgetrieben sind, oder im Herbst erfolgen. Es ist immer ratsam, den Boden vor der Pflanzung zu verbessern, da die Hosta zu den langlebigen Stauden zählen und den Pflanzer durchaus überleben können.

Für die **Papyrus-Sonnenblumen** reicht ein bodennaher Rückschnitt im Frühjahr und wie bei den Hosta eine mineralische und organische Düngung in den Frühjahrsmonaten. Sie benötigen schon etwas „Futter“, um ihre riesigen Blattstrukturen aufzubauen. Durch Teilung lassen sie sich ganz leicht im Frühjahr vermehren.

Die Teilung von Hostas ist im Frühjahr oder im Herbst möglich.

Wollziest hinterlässt nach nasskaltem Winterwetter oft unschöne Anblicke. Ein durchgreifendes Ausputzen im Frühjahr wirkt Wunder und lässt ihn verbunden mit einer Volldüngergabe sich schnell erholen. In regenreichen Sommermonaten kann ein Entfernen geschädigter Blätter erforderlich werden.

Die **Rodgersien** benötigen eine längere Anwachszeit nach dem Pflanzen und sind, bedingt durch die große Blattmasse, dankbar für eine gute Wasser- und Nährstoffversorgung. Auch hier ist ein bodennaher Rückschnitt im Frühjahr wichtig. Das alte Laub schützt in den Wintermonaten, wie bei anderen Blattschmuckstauden z. B. den Hosta.

Bei den **Silberkerzen** empfiehlt sich – besonders bei der August-Silberkerze – ein Rückschnitt der Samenstände im September, da sonst überall Sämlinge auftauchen können, die allerdings durchaus auch Willkommen sein können.

Die **Elfenblumen** erfreuen uns den ganzen Winter über mit ihrem schönen Laub, welches dann vor der Blüte, am besten mit der Heckenschere, mühelos zurückgeschnitten werden kann. Es sind Wunder an Bedürfnislosigkeit, wobei die Sorte **'Frohnleiten'** hervorzuheben ist. Eine Volldüngergabe im Frühjahr reicht aus, um ihr Nährstoffbedürfnis zu decken. Wenn die Pflanzen als Gehölzunterstand unter Wurzeldruck stehen, ist ein jährliches Überziehen mit einer „Gartenerde“ ratsam.

Die **Purpurglöckchen** sehen nach dem Winter oft zerzaust aus und benötigen einen Pflegeschnitt sowie Dünger und Wasser zur schnellen Erholung. Alle verblühten Blütenstände sollten an der Basis entfernt werden, da dann ständig neue Blüten nachgeschoben werden.

KIESBEET STATT RINDENMULCH

Einer Rindenmulchabdeckung nach der Pflanzung bzw. im Frühjahr nach dem Rückschnitt stehe ich eher skeptisch gegenüber. Die Unkrautbeseitigung gestaltet sich komplizierter und es muss Stickstoff nachgedüngt werden.

Stattdessen möchte ich ein Plädoyer für Gräser und Stauden in Kiesbeeten halten, denn die Vorteile liegen hier auf der Hand:

1. Das Unkrautwachstum wird gebremst.
2. Das Wasser bleibt den Pflanzen länger verfügbar. Das ist in Zeiten der Klimaveränderung, in denen längere Trockenperioden auftreten können, von Bedeutung.
3. Die Wärmerückstrahlung des aufgeheizten Kieses ist besonders für die Wärme liebenden Gräser und Stauden von Vorteil.
4. Bei der richtigen Wahl des Kieses kommt der gestalterische bzw. ästhetische Faktor zur Geltung.

Kiesbeete können sehr dekorativ sein.

Selbst Bergenien fühlen sich hier wohl.

DIE HÄUFIGSTEN FRAGEN ZUR KULTUR VON GRÄSERN UND BLATTSCHMUCKSTAUDEN

SIND BEI HOHEN GRÄSERN STÜTZEN ERFORDERLICH?

Alle hohen Gräser sind gut standsicher. Beim Goldbandleistengras ist der etwas „unordentliche“ Wuchs auch kein Grund, die Gräser zu stützen bzw. anzubinden. Den natürlichen Wuchsformen bei allen Gräsern sollte immer der Vorrang gegeben werden, da Stützen, die oft sichtbar sind, störend wirken.

HOHE ZIERGRÄSER ENTWICKELN SICH IM FRÜHJAHR ZUNÄCHST LANGSAM. WIE KÖNNEN LÜCKEN GESCHLOSSEN WERDEN?

Blumenzwiebeln können im Zeitraum von März bis Mai farbliche Akzente setzen. Kleinblumenzwiebel wie Puschkinien, Krokus, Schneeglöckchen lassen sich gut einsetzen. Auch Tulpen haben nach der Blüte noch ausreichend Zeit, Zwiebeln für die künftige Blüte auszubilden, bevor sich die Gräser entwickelt haben.

Wann werden Gräser und Blattschmuckstauden zurückgeschnitten?

Alle hohen Gräser werden bis Mitte April bodennah zurückgeschnitten. Kleinere und kniehohe Gräser werden lediglich ausgeputzt, d. h. alle abgestorbenen Gräserteile werden beseitigt. Alle Blattschmuckstauden werden aufgrund der Schutzfunktionen erst im Frühjahr zurückgeschnitten. Die trockenen Blätter lassen sich leicht mit einer Handbewegung entfernen.
Sonderfall Hosta: Bei diesen Blattschmuckstauden sollte man die Blütenstiele abschneiden, bevor alle Blüten aufgeblüht sind. Herabfallende Hostablüten bleiben auf den Blättern kleben, lassen sich schlecht auf diesen entfernen und verursachen hässliche Flecken.

Wann ist der beste Zeitpunkt zum Teilen von Gräsern bzw. Blattschmuckstauden?

Die günstigste Zeit zum Teilen ist Mitte März bis Anfang April.
Die Blattschmuckstaude Hosta teilt man am besten mit einem scharfen Spaten, wenn die Blattspitzen ca. 1 – 2 cm sichtbar sind.

Blauschwingel sieht man in den Gärten oft nur als "ruppige" Pflanzen mit schlechter Blaufärbung der Halme. Wie schafft man es, den Gräsern zu dem ursprünglich guten Aussehen wie beim Kauf zu verhelfen?

Blauschwingel müssen mindestens alle 3 Jahre geteilt werden, damit eine gute Blaufärbung verbunden mit einem kompakten Wuchs erreicht werden kann. Die Teilung kann entweder im Frühjahr oder im Spätsommer erfolgen. Anfang September geteilte Blauschwingel entwickeln innerhalb von 4 Wochen neue Wurzeln und kommen so gut über den Winter.

WELCHE GRÄSER SIND EMPFINDLICH GEGENÜBER WINTERNÄSSE?

Lampenputzergräser haben nach den Wintermonaten besonders viele Probleme. Gerade ältere Exemplare zeigen dann oft Fäulniserscheinungen. Nach einem kräftigen Rückschnitt ist es häufig erforderlich, die Pflanzen zu teilen.
Auch Pampasgräser sollten möglichst trocken über den Winter kommen. Zu diesem Zweck werden die Gräser zusammengebunden und mit einem Vlies abgedeckt. Um die Pflanze herum wird als Winterschutz eine etwa 20 cm dicke Laubschicht ausgebracht.

DAS HOHE CHINASCHILF LÄSST IM WINTERHALBJAHR UNTER ANDEREM DURCH WIND VIELE BRAUNE HALME DURCH DEN GARTEN WANDERN, DIE STÄNDIG ENTFERNT WERDEN MÜSSEN. WIE KANN MAN DIES VERHINDERN?

Dazu nutzen Sie am besten einen ca. 60 cm hohen kleinmaschigen Draht, der um die Basis der Pflanze umwickelt wird. Genauso gut eignen sich niedrige Schilfmatten.

WIE UNTERBINDET MAN DIE AUSLÄUFERBILDUNG BEIM BAMBUS?

Um mit dem Nachbarn weiterhin in Frieden leben zu können, wird dringend empfohlen, bei den Ausläufer treibenden Bambusarten eine Rhizomsperre schon zur Pflanzung einzuarbeiten. Diese besteht in der Regel aus einer ca. 50 cm breiten, dicken Folie, die je nach Wuchs der Bambusart mit unterschiedlichem Abstand zum Pflanzballen eingearbeitet werden sollte.

WELCHER DÜNGER IST EMPFEHLENSWERT?

Bei Gräsern reicht in der Regel eine mineralische Volldüngergabe im Frühjahr nach dem Rückschnitt.
Für Blattschmuckstauden empfiehlt sich zusätzlich eine organische Düngergabe mit Hornspänen oder ähnlichem.

KÖNNEN KIESBEETE EINE ANTWORT AUF LANG ANHALTENDE TROCKENPERIODEN SEIN?

Natürlich machen sich Gartenfreunde Gedanken darüber, wie der Klimawandel das Gärtnern in den nächsten Jahren verändern wird. Kiesbeete können eine gute Alternative sein, um Trockenperioden besser zu überstehen.
Sorgfalt bei der Artenauswahl, bei der Vorbereitung des Bodens und der Wahl des Kieses ist jedoch erforderlich, um gute Ergebnisse bei der Entwicklung der Pflanzen zu erzielen. Erstaunlicherweise wachsen zum Beispiel Bergenien in Kiesbeeten ausgezeichnet.
Pflegeaufwendungen wie die Beseitigung von Unkraut werden durch die ca. 5 cm Kiesschicht stark reduziert. Zudem wird der Wasserhaushalt positiv beeinflusst. Viele Wärme liebende Pflanzen finden ideale Kulturbedingungen vor.

IST PENNISETUM SETACEUM 'RUBRUM' WIRKLICH NICHT WINTERHART?

Es ist sicherlich eines der schönsten Lampenputzergräser mit den roten auffälligen Blättern und tollen Blüten. In öffentlichen Sommerblumenbeeten und Kübelpflanzungen sind es Glanzlichter und gute Nachbarn zu „exotischen" Pflanzen wie Cannas und Dahlien. Leider lässt die Winterhärte zu wünschen übrig und ein jährlicher Neukauf im Frühjahr ist zu empfehlen.

WIE LANGE BRAUCHT DAS SCHAUBLATT (RODGERSIEN) ZUR VOLLEN ENTWICKLUNG?

Die Geduld des Gärtners wird nach ungefähr drei Jahren Entwicklungszeit belohnt, dann erscheinen Jahr für Jahr imposante sehr langlebige Blattbüsche.

WIE BEKÄMPFE ICH SCHNECKEN BEI BLATTSCHMUCKSTAUDEN?

Da eine Maßnahme zur Bekämpfung von Schnecken, gerade bei Hostas nicht ausreicht, empfehlen wir ein komplettes Vorgehen gegen den gefräßigen Schädling:

- regelmäßiges Absammeln in den Morgen- und Abendstunden
- das Ausbringen von Schneckenkorn ist oft unerlässlich
- Bierfallen können nach wie vor empfohlen werden
- scharfkantiger Kies um die Pflanzen hat abschreckende Wirkung
- Auswahl von relativ „schneckenresistenten" Hosta-Sorten.

WELCHE HOSTAS VERTRAGEN (MEHR) SONNE?

Es sind die Lilienfunkien, die erst im August blühen. Die stark duftenden, meist weiß blühenden Blüten erinnern, wie es der Name verrät, an Lilien. Im Gegensatz zu den meisten Hostas, die halbschattige Standorte bevorzugen, kommen die ***H. plantaginea*** auch mit sonnigeren Standorten zurecht.

WIE BEKÄMPFT MAN DEN DICKMAULRÜSSLER?

Besonders bei Blattschmuckstauden kann der Dickmaulrüssler viele Schäden verursachen. In den Gartenmärkten kann man Nematoden bestellen, die laut Beschreibung im Wasser gelöst auf die betroffenen Stellen ausgebracht werden. Die Nematoden parasitieren die Larven des Dickmaulrüsslers und vernichten somit wirkungsvoll die Schädlinge. Allerdings ist oft ein mehrfaches Ausbringen von Nematoden erforderlich.

WIE ÜBERWINTERT MAN HOSTAS IN TÖPFEN?

Generell sind Hostas für Topfkulturen sehr gut geeignet. Gerade in schattigen Eingangsbereichen können sie über die gesamte Saison schöne Akzente setzen.
Zur Überwinterung der Hostas in Töpfen und vorausgesetzt man hat ausreichend Platz im Garten genügt in der Regel eine Laubschütte um und über die Töpfe. Diese Methode empfiehlt sich besonders, wenn eine größere Anzahl von Hostas überwintert werden muss.
Ansonsten sollte eine Polysterolplatte unter dem Topf die Kälte von unten unterbinden. Eine Noppenfolie um den Topf gewickelt verhindert das Durchfrieren des Topfballens. Ein Austrocknen des Topfballens sollte in jedem Fall vermieden werden.

SIND HOSTA-BLÜTEN ESSBAR?

Die Blüten von Hostas sind gut zum Verzieren von Salaten geeignet. Sie haben einen angenehmen Geschmack von Erbsen. Geöffnete Blüten sollte man vor dem Verzehr auf Käferbefall kontrollieren.

Mit ganz anderem, breitem Pinselstrich arbeitet der Schnee und holt eine völlig andere Schönheit aus der Pflanzenwelt heraus.

Karl Foerster

GRÄSERZAUBER UND BLATTSCHMUCK IM WINTER

Die Zeit sollte schon längst vorbei sein, als man sich Ende Oktober vom Garten verabschiedete, um ihn im April wieder zu begrüßen. Dazu wurde noch alles nach „Hausfrauenart" zurückgeschnitten, jegliches Laub entfernt, der Garten sozusagen sauber geputzt. Schon der namhafte Staudengärtner Karl Foerster mahnte: „Schnee und Raureif müssen etwas haben, wohin sie ihre Zaubergespinste hängen können".

Dazu kommen noch die immergrünen Gräser und Blattschmuckstauden. Es sind die „grünen Segel", die uns Pflanzenliebhaber über den Winter bringen. Harfe und Pauke, wie wir die beiden Pflanzenarten gerne nennen, haben großen Anteil daran, dass die Wintermonate nicht langweilig werden und viele überraschende Pflanzenerlebnisse bereithalten.

Tiefverschneite Gärten entwickeln ebenso viel Reiz wie Raureif, der Gehölze, Stauden und Gräser erst richtig zur Geltung bringt und verzaubert. Im Winter kann man am Besten die Gartenstrukturen erkennen und sich Gedanken für Ideen zur Umgestaltung machen.

Unter den Blattschmuckstauden sind es vor allem die Elfenblumen und Farne, die mit ihrem schönen wintergrünen Laub Akzente setzen. Bei den Elfenblumen ist es insbesondere die Sorte **'Frohnleiten'**, deren marmoriertes Blattwerk auffällig ist. Bei den immergrünen Gräsern ist ***Carex*** **'Icedance'** hervorzuheben.

Winterschlaf sollte es in unseren Gärten nicht mehr geben! Auf zauberhafte Gartenerlebnisse in den Monaten von November bis März können und sollten Gartenliebhaber nicht mehr verzichten. Vor allem Gräser können an dieser Mission einen entscheidenden Anteil haben.

Raureif nimmt dem Winter
alle Erdenschwere.

Karl Foerster

SCHNITTBLUMEN-ARRANGEMENTS

MIT GRÄSERN UND BLATTSCHMUCKSTAUDEN

Kenner geraten ins Schwärmen und Floristen können nicht mehr ohne sie: Mit Gräsern und Blattschmuckstauden lassen sich tatsächlich elegante, stimmungsvolle und langlebige Sträuße und Gestecke zaubern.

Wir möchten Ihnen mit drei Arrangements Appetit aufs Ausprobieren machen. Selbst wenn in Ihrem Garten nicht exakt die Pflanzen wachsen, die wir verwendet haben – werden Sie kreativ und nutzen das, was bei Ihnen wächst. Die Möglichkeiten, mit Gräsern und Blattschmuckstauden floristisch zu arbeiten, sind ausgesprochen vielfältig und der Fantasie sollten hier keine Grenzen gesetzt sein.

ARRANGEMENT 1

In einem Kranz aus verschiedenen Hostas, einem Pfingstrosenblatt in Herbstfärbung, einem Farnwedel, einzelnen Stielen der Steppenwolfsmilch und tief gesteckten, weißen kleinblütigen Clematis sowie einer Hortensienblüte bilden aufstrebende Pfeifengräser die Mitte. Umgeben werden sie von blauen, einjährigen Salbeiblüten, dem dunkelroten Wiesenknopf und einzelnen Blütenstielen des sibirischen Zottenrauhgrases.

ARRANGEMENT 2

Dieser Strauß präsentiert sich mit warmen Gelbtönen, die einmal von dem schönen Sonnenhut, der ***Rudbeckia triloba***, der Japanischen Wachsglocke und zum Anderen von der eleganten Goldrute ***Solidago* 'Fireworks'** stammen. Grünweiße Gräser veredeln das Arrangement. Die Mitte bildet ***Miscanthus* 'Morning Light'** und rundherum ist das Japanische Waldgras in der Form **'Albovariegata'** arrangiert. Die zarten Gräserrispen liefert die Rutenhirse, deren Blätter sich leicht rot färben. Ein Strauß für besondere Anlässe!

ARRANGEMENT 3

Einfach und wirkungsvoll präsentieren sich hier Dahlien mit der gelbgrünen Steppenwolfsmilch und dem schönen ***Sedum* 'Matrona'**. Umgeben von den zauberhaften Blütenstielen der Sorte **'Silberfeder'** des Chinaschilfes. Untersetzt bilden Bergenienblätter den Abschluss. Ein Strauß, wie geschaffen für die Symbolik des Spätsommers.

BEZUGS-QUELLEN

Staudengärtnerei Augustin
Neunkirchener Straße 15
91090 Effeltrich
info@stauden-augustin.de

Foerster-Stauden GmbH
Am Raubfang 6
14469 Potsdam-Bornim
info@foerster-stauden.de

Staudengärtnerei am Bahnhof Groß Kreutz
Bahnhofstraße 5
14550 Groß Kreutz
info@perenna.de

Stauden Junge
Seeangerweg 1
31787 Hameln
www.bluetenblatt.de

Staudengärtnerei Willi Tangermann e. K.
Rauhe Wiese 17
31171 Nordstemmen
www.tangermann-stauden.de

Staudengärtnerei Siegmar Poltermann
Weimarische Straße 27f
99099 Erfurt
info@stauden-poltermann.de

E. Koch Staudenkulturen
Im kleinen Feld 8
99094 Erfurt-Bischleben
info@koch-stauden.de

Staudengärtnerei Arends-Maubach
Monschaustraße 76
42369 Wuppertal
stauden@arends-maubach.de

Stauden Stade
Beckenstrang 24
46325 Borken-Marbeck
info@stauden-stade.de

Osnabrücker Staudenkulturen
Linner Kirchweg 2
49143 Bissendorf
www.osnabruecker-staudenkulturen.de

Ziergräser Hensen
Zievericher Mühle 4
50126 Bergheim
info@ziergraeser-hensen.de

Bambus-Land UG
Weimarische Straße 3A
99439 Kleinobringen
info@bambusland.de

Staudengärtnerei Kirschenlohr
Im Lammsbauch 29 (Büro)
67346 Speyer
info@stauden-kirschenlohr.de

Staudengärtnerei Gaißmayer
Jungviehweide 3
89257 Illertissen
info@gaissmayer.de

Bäuerleins Grüne Stube
Gartenstraße 17
93077 Peising
info@baeuerleins-gruene-stube.de

Königliche Gartenakademie
Altensteinstraße 15a
14195 Berlin
www.koenigliche-gartenakademie.de

Schuster Staudenkulturen
Am Korstick 19
45239 Essen
info@schuster-stauden.de

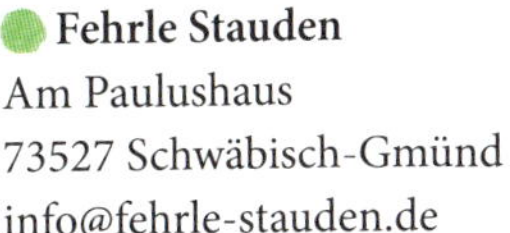

Fehrle Stauden
Am Paulushaus
73527 Schwäbisch-Gmünd
info@fehrle-stauden.de

Schachtschneider Stauden und Marketing
Kirchhatter Straße 14
27801 Neerstedt
info@schachtschneider-stauden.de

Staudengärtnerei Jentsch
Rayskistraße 1
01219 Dresden
bestellung@dresdner-stauden.de

Staudengärtnerei Gräfin von Zeppelin OHG
Weinstraße 2
79295 Sulzburg-Laufen
www.graefin-von-zeppelin.de

Floragarten Weinreich
Neue Straße 1
39326 Wolmirstedt
www.floragarten-weinreich.de

Härlen Staudengärtnerei
Unter den Linden 100
21435 Stelle
www.haerlen-stauden.de

Bamberger Staudengarten
Gundelsheimer Straße 80
96052 Bamberg
info@bamberger-staudengarten.de

Lux Staudenkulturen
Gärtnerweg 39
01796 Pirna
www.luxstauden.de

Sarastro Stauden
4974 Ort im Innkreis 131
www.sarastro-stauden.com
(Österreich)

Baumschule Camehl
Im Grundfeld 5
29399 Betzhorn
www.baumschule-camehl.de

GRÄSERSAMEN

Jelitto Staudensamen GmbH
Am Toggraben 3
29690 Schwarmstedt
www.jelitto.com

AUTORENPORTRÄT

Im Nachkriegswinter 1946 geboren verbrachte Horst Schöne seine Kinder- und Jugendjahre in einem Bauerngehöft in der Sächsischen Schweiz. Sehr zeitig wurde er dort mit den Mühen und Reizen einer einzelbäuerlichen Wirtschaft konfrontiert.

Frühe Naturerlebnisse in Form von blühenden, artenreichen Wiesen, interessanter Feldrain- und Teichflora sowie die Berglandschaft des Elbsandsteingebirges prägten das Naturverständnis des vielseitig interessiert Heranwachsenden.

Ein folgerichtiger Schritt war die Ausbildung zum Gärtner mit gleichzeitigem Abiturabschluss. Gleich im Anschluss an die Gärtnerlehre studierte Horst Schöne an der Humboldt-Universität zu Berlin Gartenbau, wobei der Zierpflanzenbau im Vordergrund stand. Die Bekanntschaft mit dem passionierten und namhaften Gärtner Karl Foerster begann kurz nach Studienbeginn und setzte für den weiteren beruflichen Werdegang wichtige Akzente.

Nach dem Studium begann Horst Schöne im VEG Saatzucht Baumschulen Dresden eine Tätigkeit in der zentralen Leitung. 1978 bot sich die Gelegenheit, tatsächlich das Hobby zum Beruf zu machen. Auf der Internationalen Gartenbauausstellung in Erfurt übernahm der Fachmann die Pflege des alten Parkteiles, insbesondere der Staudengärten. Mit einem kleinen Gärtnerteam gelang es, den Zustand der Anlagen zu verbessern.

Schnappschuss von einer Gartenreise, die Horst Schöne (links) und seine Gruppe im Mai 2016 in den Japanischen Garten am „Irish National Stud“ in Kildare/Irland führte.

Nach der Wende wurde Horst Schöne als Parkleiter die Pflege des gesamten verbleibenden Geländes des heutigen Egaparks übertragen. Damit eröffnete sich die Gelegenheit der Aneignung von Kenntnissen in vielen Gartenbereichen bis hin zur tropischen Pflanzenwelt. Dieses Wissen half ihm bei der botanischen Begleitung von rund 40 Gartenreisen, die ihn seit 1995 in Traumgärten vieler europäischer Länder führen.

Als vielseitiger Gesprächspartner im „MDR-Garten" vermittelte unser Autor lange Jahre sein Wissen an die Fernsehzuschauer. Zudem beantwortet er seit mehr als 15 Jahren im MDR-Radio Thüringen Fragen zu allen Themen des Gartens.

Auch im Urlaub hält der begeisterte Gärtner stets Ausschau nach Gräsern. Diese Aufnahmen entstanden im Herbst 2017 beim Wandern in Tirol.

Ab 2008 in den „Unruhestand" gewechselt, halten der große eigene Garten, Gartenreisen, Vorträge und viele weitere Aktivitäten den Gärtner aus Leidenschaft in Atem.

HERZLICHEN DANK AN

Claudia Look-Hirnschal für die Anregung zu diesem Buch.

Anne Huntemann, meine Lektorin, für die großartige Unterstützung als gute Seele des Buches.

Den Verlag LV.Buch (speziell Kristin Bertels) und die **Grafik** für die gute Ausstattung.

Prof. Dr. rer. hort. Wolfgang Borchardt für viele gute Fotos, einige Zitate und das Lesen des Manuskriptes.

Ruth Bredenbeck und **Peter Grimm** für die fotografische Unterstützung,

Peter Grimm zudem für das Titelfoto.

Matthias Kaiser für den ganz persönlichen Beitrag.

Cornelia Squara für die Blumenarrangements.

Meine Frau für die große Geduld mit mir und ihre tatkräftige Hilfe.

GLOSSAR

Abmagern: Manche Pflanzen kommen mit sehr nährstoffreichen Böden nicht zurecht. Dann kann ein Abmagern des Bodens erforderlich sein, das heißt die nährstoffreiche Erde wird mit grobkörnigem Sand, Kies oder Ziegelsplitt gestreckt.

Ausläufertreibend: Ausläufertreibende Pflanzen bilden zur Vermehrung ober- oder unterirdische Triebe. Damit verbreiten sie sich in horizontaler Richtung. Eine Rhizomensperre verhindert die Ausbreitung durch Ausläufer, alternativ müssen die Ausläufer regelmäßig entfernt werden.

Ausputzen: Der Begriff Ausputzen bezeichnet die Entfernung von Verblühtem bei Pflanzen. Je nach Pflanze wird nur die Blüte selbst entfernt oder der gesamte Stängel sowie krankes oder abgestorbenes Laub. Dadurch trägt man nicht nur zur Gesunderhaltung der Pflanze bei, sondern fördert auch die Blütenpracht in der folgenden Saison.

Blattschopf: Das Erscheinungsbild einer Pflanze mit vielen Blättern oder Stengeln – Blattschöpfe sieht man zum Beispiel bei Hostas oder Japangras.

Blumenzwiebeln: Blumenzwiebeln sind oft mehrjährig. Aus der Zwiebel entwickelt sich jedes Jahr wieder eine neue Pflanze. Zu den Zwiebelblumen gehören zahlreiche Frühjahrsblüher wie Tulpen, Schneeglöckchen oder Puschkinien. Gerade die frühblühenden Arten sind eine wunderbare Ergänzung in Gräserbeeten, wo sie zeitig im Jahr für Farbtupfer sorgen.

Bodendecker: Hierbei handelt es sich um Pflanzen niedriger Wuchshöhe, die sich auf einer offenen Fläche schnell ausbreiten und damit den Boden bedecken. Sie werden gerne für ungünstige Gartenbereiche genommen, die möglichst pflegearm begrünt werden sollen. Beliebte Bodendecker sind beispielsweise Epimedien (Elfenblumen), Vinca (Immergrün) oder Hedera helix, der Gemeine Efeu.

Durchlässig: Ein Boden wird als durchlässig bezeichnet, wenn Wasser gut abfließen kann, sodass sich auch bei längeren Regenperioden keine Staunässe bildet.

Flor: Als Flor bezeichnet man die Blüte der Pflanzen.

Gehölzunterpflanzung: Um den Boden unter größeren Gehölzen oder Bäumen zu gestalten, benötigt man Pflanzen, die mit Wurzeldruck zurechtkommen. Zu den für die Gehölzunterpflanzung geeigneten Stauden zählen bei den Gräsern z.B. Bärenfell-Schwingel und bei den Blattschmuckstauden Elfenblumen (Epimedium).

Gräserherz: Das Zentrum der Gräser, das zum Beispiel für die Teilung eine Rolle spielt.

Gräserhorst: Wird ein Horst gebildet, bedeutet das, dass die Triebe des Grases eng beieinanderstehen, ohne Ausläufer zu bilden. Diese Wuchsform sieht man bei vielen Gräserarten.

Halmwurf: Unter Halmwurf versteht man eine spezielle ausladende Wuchsform, zum Beispiel beim Goldbandleistengras.

Kiesbeet: Um ein Kiesbeet anzulegen, wird der Boden etwa 30 cm tief ausgehoben. Alle Wurzelunkräuter entfernen und anschließend mit Grobkies oder Schotter auffüllen. Feststampfen und darüber z. B. ein wasserdurchlässiges Vlies als Unkrautschutz legen. Darauf kommt die ausgehobene Erde, vermischt mit feinem Kies oder Splitt. Den Abschluss bildet eine mindestens 5 cm dicke Schicht Kies in der gewünschten Optik. Die Steine gleichen Temperaturschwankungen aus und sorgen dafür, dass die Bodenfeuchte nicht so schnell verdunstet. Im Sommer erspart das dem Gartenfreund so manchen Gießgang. Durch die Vielzahl an erhältlichen Größen und Farbtönen kann Kies wunderbar zum kreativen Gestalten eingesetzt werden.

Laubschütte: Eine Laubschütte schützt die Pflanze im Winter vor Frost. Dafür wird rund um die Pflanze Laub angehäufelt. Bei Bedarf stabilisieren darauf gelegte Fichtenzweige oder Zweige von anderen Nadelhölzern das Ganze.

Nematoden: Bei Nematoden handelt es sich um ca. 1 mm große Fadenwürmer. Sie werden im Gartenbereich unter anderem zur Bekämpfung des Dickmaulrüsslers eingesetzt. Dessen Larven dienen den Nematoden als Wirt und werden von ihnen abgetötet.

Panaschiert: Als panaschiert wird eine Pflanze bezeichnet, wenn sie zweifarbige Blätter hat, z.B. grün mit weißem Rand (wie bei einigen Hosta-Sorten).

Rhizom: Einige Pflanzen wie Bambus vermehren sich über Rhizome, das sind horizontal wachsende Wurzelausläufer.

Rhizomensperre: Viele Bambusarten bilden unterirdische Wurzelausläufer, sogenannte Rhizome. Eine Rhizomensperre begrenzt deren Wachstum, damit die Pflanzen sich nicht bis in Nachbars Garten ausbreiten. Eine Begrenzung mittels Teichfolie oder Ähnlichem reicht nicht aus, da die Ausläufer sehr kräftig sind. Rhizomensperren bestehen aus Kunststoff und sind als Meterware erhältlich.

Rückschnitt: Bei einem Rückschnitt werden die Triebe der Pflanze deutlich zurückgeschnitten, oft bis auf wenige Zentimeter über dem Boden. So fördert der Gärtner das Wachstum der neuen Triebe und einen üppigen Wuchs der Pflanzen.

Sämlingswuchs: Durch Selbstaussaat einer im Garten vorhandenen Pflanze wachsen an ungeahnten Stellen neue Pflanzen heran. Mancherorts durchaus erwünscht, doch manchmal ein Ärgernis für den Gartenfreund, der diese Sämlinge entfernen muss.

Solitärpflanze: Eine Pflanze, die für sich allein gepflanzt ihre Wirkung entfaltet (im Gegensatz zu Pflanzen für Beete oder Reihenpflanzungen, die vor allem in Kombination mit anderen glänzen).

Standfestigkeit: Idealerweise zeichnen sich Beetpflanzen durch eine gute Standfestigkeit aus, das heißt, sie benötigen keine Stütze, sondern stehen aufrecht und stabil.

Staudenrabatte: Staudenbeet

Substratverbesserung: Um den Pflanzen im Beet einen guten Start zu ermöglichen, kann der Boden vor der Pflanzung mit einer guten Gartenerde oder Kompost verbessert werden. Anschließend empfiehlt es sich, das Beet alljährlich im Frühjahr mit guter Gartenerde oder Kompost zu überziehen. Dadurch werden dem Boden die Nährstoffe, die von den Pflanzen im Laufe des Jahres herausgezogen werden, wieder zurückgegeben.

Topfkultur: Wer keinen großen Garten mit Beeten zur Verfügung hat, kann Gräser und Blattschmuckstauden auch in Töpfen oder Kübeln kultivieren. Ab S. 82 stellen wir Ihnen hierfür geeignete Pflanzen vor.

Vergreisen/Verkahlen: Bei falscher Pflege vergreisen einige Gräserarten wie die Schwingel. Dabei wird die Pflanze von der Mitte heraus trocken und braun. Beim Verkahlen entsteht zusätzlich ein Loch. Um dem vorzubeugen, sollten die Standortansprüche der jeweiligen Art beachtet werden (beim Schwingel z.B. nährstoffarmer, trockener Boden in sonniger Lage). Zeigt die Pflanze Anzeichen von Vergreisung oder Verkahlen, sollte sie geteilt und umgepflanzt werden.

Verjüngung: Mit den Jahren verlieren einige Gräser etwas von ihrer Schönheit. Dann ist es Zeit, die Pflanzen durch Teilung zu verjüngen. Im Frühjahr wird das großzügig ausgestochene Gras dafür mit dem Spaten (oder einem Messer) geteilt. Die Pflanzen können direkt ins Beet oder zunächst in einen Topf gepflanzt werden, wo sie etwas an Zuwachs gewinnen, bevor sie an ihren neuen Standort kommen.

Versamungsgefahr: Einige Gräserarten neigen dazu, ihre Samen großflächig zu verteilen (d.h. stark auszusamen) – im eigenen Garten, aber eventuell auch darüber hinaus. Um dies zu verhindern, ist ein zeitiges Schneiden der Blütenstände notwendig.

Volldünger: Volldünger enthalten eine Mischung verschiedener Nährstoffe, unter anderem Stickstoff, Phosphor und Kalium. Sie werden in unterschiedlichen Zusammensetzungen angeboten. Bei der Wahl sollte man sowohl an die zu düngenden Pflanzen als auch an den Boden im eigenen Garten denken – optimalerweise ist der Nährstoffgehalt dank Bodenanalyse bekannt, um eine Unter- oder Überversorgung der Pflanzen zu vermeiden.

Winterschutz: Manche Pflanzen im Garten benötigen im Winter einen Schutz vor der Kälte. Dieser kann z.B. aus einer Laubschütte bestehen. Das Pampasgras ist dagegen eher nässeempfindlich und sehr dankbar, wenn man die Blätter zusammenbindet, um das Gräserherz vor Feuchtigkeit zu schützen.

Wurzeldruck: In der Nähe von Gehölzen oder Bäumen ist der Boden von Wurzeln durchzogen. Diese üben auf andere Pflanzen, die sich dort ansiedeln möchten, Druck aus und beeinträchtigen unter anderem deren Wasserversorgung. Trotzdem gibt es Pflanzen, die mit einer solchen Herausforderung gut zurechtkommen (siehe Gehölzunterpflanzung).

GESPANNT AUF MEHR VOM MDR Garten ?

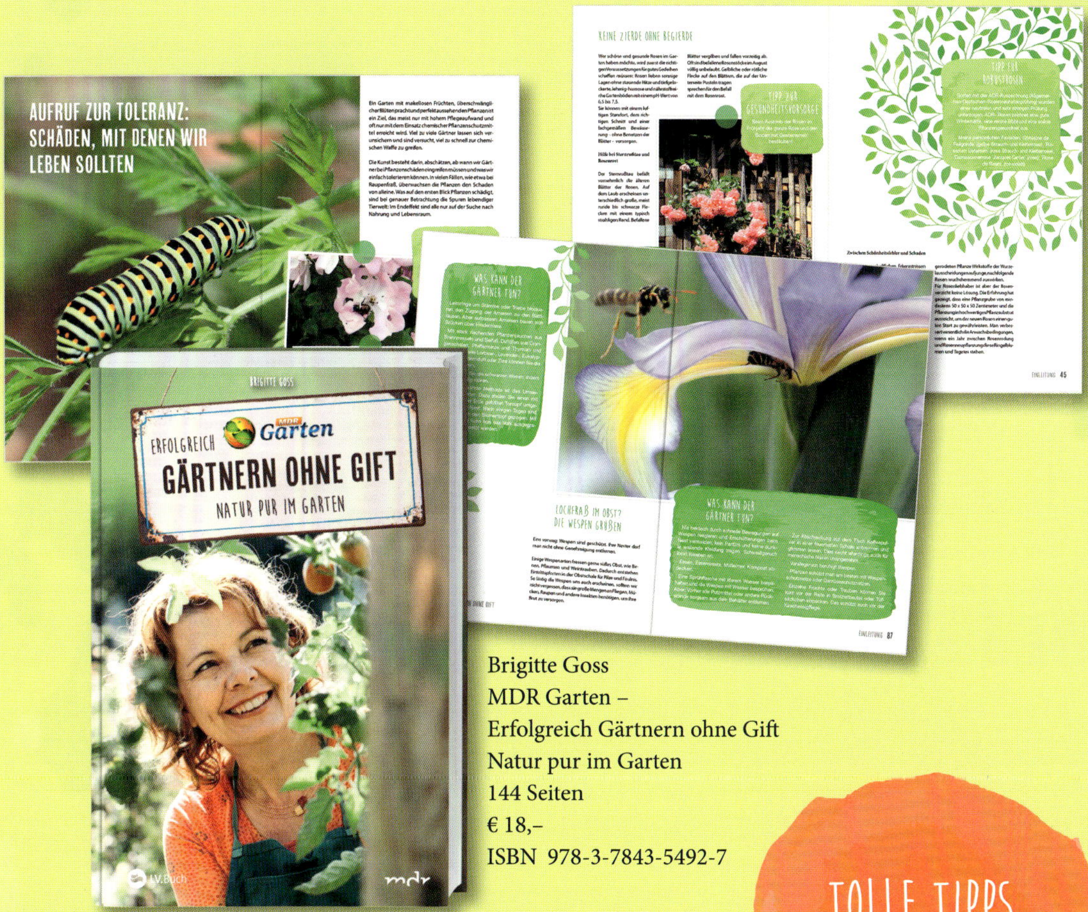

Brigitte Goss
MDR Garten –
Erfolgreich Gärtnern ohne Gift
Natur pur im Garten
144 Seiten
€ 18,–
ISBN 978-3-7843-5492-7

TOLLE TIPPS
UND PERSÖNLICHE
ERFAHRUNGEN

MIT NATÜRLICHEN HILFSMITTELN ZUM EIGENEN BIOGARTEN

Unkraut jäten mit Brigitte Goss, Gartenexpertin vom MDR-Garten, aber: „Die Chemie bleibt draußen". Und das kann funktionieren. Wie, beschreibt die langjährige Expertin beim MDR-Garten in diesem Ratgeber. Sie kommt den Lästlingen im Garten mit Köpfchen auf die Spur. Der Autorin ist es wichtig, zu wissen, welche Schädlinge es gibt und warum sie sich an unsere Blumen, an Obst und Gemüse machen. So kann sich jeder helfen, mit der Natur und ohne Gift zu gärtnern. Dazu gehört: Vorbeugen, unempfindliche Sorten aussuchen, klug bepflanzen, schneiden und pflegen und dann erst bekämpfen. Viele Pflanzen haben Wirkstoffe in sich, die Schädlinge vergraulen. Das alles erklärt Brigitte Goss für beliebte Gartenkulturen: Für Obst, Gemüse und Kräuter, aber auch für den Ziergarten, für Stauden, Rosen und Rasen. Was Brigitte Goss wichtig ist: „Toleranz hilft, lassen Sie auch mal was zu!"

IMPRESSUM

LV.Buch im Landwirtschaftsverlag GmbH, 48084 Münster

3. Auflage 2022

Fotografie: Horst Schöne
Außer: Titel, S. 6/30/48 oben/81 rechts/101/105/107 oben/114 Peter Grimm S. 2/34 links/35 oben/35 mitte/35 unten/37 unten/ 39 unten/39 Mitte/40 links/41 links/42 oben/43/44/45/47 rechts/47 unten/50 links/54 oben/55/60 oben/ 61/67/88/116/117 Prof. Dr. Wolfgang Borchardt S. 10/63 links/89/104/107 unten Ruth Bredenbeck, www.gartenakademie-thueringen.de
S. 18/19 Matthias Kaiser, Erfurt
S. 21 Gruen Berlin GmbH
S. 103 OlyaSolodenko/istockphoto.com

Illustrationen: S. 14-17, 86 Ivonne Dominik
Happiestsim/istockphoto.com

Gestaltung: Karla Breilmann, Rachel Determeyer, MediaPro im Landwirtschaftsverlag
Redaktion/Lektorat: Anne Huntemann, Tecklenburg
Druck: Westermann Druck Zwickau

ISBN 978-3-7843-5500-9